Dedicado a:

_____

_____

Fecha: _____

GEORGE SAMUEL CLASON nació en Luisiana, Misuri, el 7 de noviembre de 1874. Estudió en la Universidad de Nebraska y sirvió en el ejército estadounidense durante la Guerra hispano-estadounidense. Fue un exitoso hombre de negocios, fundó la Clason Map Company de Denver, Colorado, y publicó el primer atlas de Estados Unidos y Canadá. En 1926 publicó el primero de una serie de famosos panfletos sobre el ahorro y el éxito financiero, escritos como parábolas relatadas en la antigua Babilonia. Los bancos y las agencias de seguros distribuyeron estos panfletos en grandes cantidades, lo que permitió que millones de personas se familiarizaran con ellos, en particular con «El hombre más rico de Babilonia», relato del que este libro toma su título. Estas «parábolas babilónicas» se han convertido en un clásico moderno de los textos inspiradores.

EL HOMBRE
MÁS RICO
DE BABILONIA

GEORGE S. CLASON

VINTAGE ESPAÑOL

Título original: *The Richest Man in Babylon*
Originalmente publicado en inglés por Berkley,
un sello editorial de Penguin Random House LLC, Nueva York.

Primera edición: enero de 2025

© 2022, James Clear, por el epílogo
© 2024 de la presente edición, Penguin Random House Grupo Editorial USA, LLC
8950 SW 74th Court, Suite 2010
Miami, FL 33156
Vintage Español es una marca de Penguin Random House Grupo Editorial.

Traducción: Alejandra Ramos
Adaptación de diseño de cubierta de Emily Osborne: Penguin Random House Grupo Editorial

Impreso en Colombia / *Printed in Colombia*

Información de catalogación de publicaciones disponible
en la Biblioteca del Congreso de los Estados Unidos.

ISBN: 979-8-89098-286-5

24 25 26 27 28   10 9 8 7 6 5 4 3 2 1

ÍNDICE

EL HOMBRE QUE
DESEABA ORO

Bansir, el constructor de cuadrigas* de Babilonia, se sentía muy desalentado. Sentado sobre el corto muro que rodeaba su propiedad, miró con tristeza su modesto hogar y el taller sin techo en el que había una cuadriga a medio terminar.

Su esposa se acercaba con frecuencia a la puerta abierta. La manera furtiva en que lo miraba le recordaba que el saco de los alimentos estaba casi vacío y que debería estar trabajando para acabar la cuadriga: martillando y labrando, puliendo y pintando, estirando lo más posible la piel sobre los bordes de las ruedas, preparándola para poder entregarla y cobrarle a su acomodado cliente.

---

* Tipo de carro tirado por caballos usado en la Edad Antigua. (N. de la E.)

Sin embargo, su corpulento y musculoso cuerpo permanecía pegado al muro. Su mente, en un estado de letargo, se enfrentaba con paciencia a un problema para el que no encontraba respuesta. El caliente sol tropical, tan típico de aquel valle del Éufrates, lo abrasaba sin piedad, y sobre su frente formaba perlas de sudor que chorreaban inadvertidas hasta perderse en la selva de su velloso pecho.

Más allá de su casa se erigían las grandes murallas con terrazas que rodeaban el palacio del rey. Cerca de ahí, la torre pintada del Templo de Bel perforaba los azules cielos. Su modesto hogar y muchos otros, no tan limpios y cuidados, yacían bajo la sombra de aquella grandeza. Babilonia era así, una mezcla de majestuosidad y miseria, de riqueza deslumbrante y pobreza extrema hacinadas sin plan ni sistema dentro de los límites de las protectoras murallas que la rodeaban.

Si se hubiera tomado la molestia de voltear en ese momento, habría visto detrás de él las ruidosas cuadrigas de los ricos apretujadas a un lado de los comerciantes con sandalias y de los pordioseros descalzos. Incluso los más adinerados se veían forzados a girar hacia las alcantarillas para despejar el camino y dejar pasar a los esclavos del «negocio del rey», quienes venían formados en largas hileras y cargando pesadas pieles de cabra rellenas de agua que serían vertidas en los jardines colgantes.

Bansir estaba demasiado absorto en sus propias dificultades para escuchar o atender el confuso alboroto de la dinámica ciudad. Lo único que lo despertó de su ensueño fue la inesperada vibración de las cuerdas de una lira que le resultaba familiar. Volteó y vio el dulce y sonriente rostro de su mejor amigo: Kobbi, el músico.

—Que los dioses te bendigan en abundancia, mi buen amigo —dijo Kobbi saludando con una elaborada reverencia—. ¡Pero vaya! Parece que fueron tan generosos que ya no necesitas seguir trabajando. Me regocijo y celebro tu buena fortuna. Es más, incluso la compartiré contigo. Te suplico que de ese saco tuyo que se debe estar desbordando, porque de lo contrario estarías ocupado en tu taller, saques dos humildes séqueles y me los prestes hasta que termine la fiesta de los nobles esta noche. Te los devolveré tan pronto que no los extrañarás.

—Si tuviera dos séqueles —contestó Bansir con tristeza— serían toda mi fortuna, mi fortuna entera, y no se los podría prestar a nadie, ni siquiera a ti, el mejor de mis amigos. Porque nadie presta su fortuna entera, ni siquiera a su amigo más querido.

—¿Cómo? —exclamó Kobbi genuinamente sorprendido—. ¿No tienes ni un séquel en tu saco y de todas formas estás sentado como estatua sobre el muro? ¿Por qué no terminas esa cuadriga? ¿De qué otra manera le proveerás lo necesario a tu noble apetito? Esto no es común en ti, amigo mío. ¿Adónde se ha ido tu infinita energía? ¿Acaso te inquieta algo? ¿Los dioses te han traído problemas?

—Sí, debe ser un tormento impuesto por ellos —asintió Bansir—. Todo comenzó con un sueño, un sueño sin sentido en el que me pareció ser un hombre de medios. De mi cinturón colgaba un saco abundante, repleto de monedas, y yo les arrojaba con desparpajo séqueles a los mendigos. También tenía monedas de plata con las que compraba elegantes ropajes para mi esposa y todo lo que deseaba para mí mismo. Tenía monedas de oro que me hacían sentir seguro del futuro, sin temor a gastar las de plata. ¡Y mi interior albergaba un glorioso sentimiento de alegría! No habrías reconocido en mí a tu trabajador amigo. Tampoco habrías reconocido a mi esposa porque en su rostro no había arrugas, solo el brillo de la felicidad. Era de nuevo la sonriente doncella de los primeros tiempos en que estuvimos casados.

—Un sueño muy placentero sin duda —comentó Kobbi—. ¿Pero por qué esos sentimientos tan agradables te transformaron en una estatua de dolor pegada al muro?

—¿Cómo por qué? Porque cuando desperté y recordé lo vacío que estaba mi saco, un sentimiento de rebelión se apoderó de mí. Hablemos de ello porque tú y yo, como dicen los marineros, navegamos en el mismo barco. Cuando niños, fuimos juntos a ver a los sacerdotes para aprender de su sabiduría. Cuando jóvenes, compartimos los gustos del otro. Ahora que somos hombres adultos seguimos siendo amigos cercanos. Hemos sido súbditos satisfechos de lo que somos. Las largas horas de trabajo y gastar nuestras ganancias con libertad también nos satisfizo. Hemos ganado muchas monedas en los años que han pasado y, a pesar de ello, para conocer las alegrías que provee la riqueza tenemos que seguir soñando. ¡Bah! ¿Acaso somos más torpes que los borregos? Vivimos en la ciudad más abundante del mundo. Los viajeros dicen que ninguna otra se equipara en riquezas. A nuestro alrededor se despliega la opulencia, pero no poseemos nada de ella. Después de pasar la mitad de la vida trabajando arduamente, tú, el mejor de mis amigos, también tienes un saco vacío y me dices: «¿Me podrías prestar dos insignificantes séqueles hasta que termine la fiesta de los nobles esta noche?». ¿Y qué respondo yo? ¿Acaso te digo: «Toma mi saco, compartiré gustoso su contenido contigo»? No, tengo que admitir que mi saco está tan vacío como el tuyo. ¿Cuál es el problema? ¿Por qué no podemos tener plata y oro suficientes para comprar comida y vestido?

»Toma también en cuenta a nuestros hijos —continuó Bansir—. ¿No están siguiendo los pasos de sus padres? Ellos y sus familias, sus hijos y las familias de sus hijos, ¿tendrán que vivir por siempre entre acumuladores de oro y, al igual que nosotros, tendrán que contentarse con los banquetes de leche agria de cabra y avena?

—En todos los años que hemos sido amigos nunca me habías hablado de esto, Bansir —dijo Kobbi desconcertado.

13

—En todo este tiempo, nunca pensé en ello. Desde el amanecer hasta que la oscuridad me obliga a detenerme he trabajado en las cuadrigas más finas que un hombre podría fabricar, siempre con la dulce esperanza de que algún día los dioses reconozcan la nobleza de mis actos y me concedan prosperidad y abundancia, pero no lo han hecho. Ahora comprendo que nunca lo harán, y por eso a mi corazón lo inunda la tristeza. Desearía ser un hombre con recursos. Desearía poseer tierras y ganado, tener túnicas finas y monedas en mi saco. Estoy dispuesto a trabajar por estos bienes con toda la fuerza de mi cuerpo, con toda la habilidad de mis manos y con todo el ingenio de mi mente, pero me gustaría que mi labor fuera recompensada de manera cabal. ¿Qué pasa con nosotros? ¡Te lo pregunto de nuevo! ¿Por qué no podemos tener una porción justa de las cosas buenas que son tan abundantes para quienes poseen el oro para comprarlas?

—¡Si supiera la respuesta! —contestó Kobbi—. No estoy más satisfecho que tú, las ganancias que me provee mi lira se desvanecen en poco tiempo. Con frecuencia debo planear y diseñar estrategias para que mi familia no pase hambre. Además, en mi pecho habita el profundo anhelo de poseer una lira suficientemente grande que cante con veracidad los compases musicales que fluyen de mi mente. Con un instrumento así podría hacer la música más hermosa que el rey haya escuchado.

—Deberías tener una lira como la que anhelas. Ningún hombre de Babilonia podría hacerla cantar con más dulzura; ninguno podría hacerla cantar con tal dulzura que no solo deleite al rey, sino también a los dioses. Pero ¿cómo podrías obtenerla si ambos somos tan pobres como los esclavos del rey? ¡Escucha la campana! Aquí vienen —dijo Bansir señalando la extensa columna de cargadores de agua medio desnudos y sudorosos que se arrastraban con trabajo por el estrecho camino del río. Cinco marchaban lado a lado, agachados bajo el peso de los sacos de cuero de cabra llenos de agua.

—El hombre que los guía tiene una figura gallarda —dijo Kobbi apuntando al portador de la campana, quien marchaba al frente sin carga alguna—. Un hombre prominente en su propio país, eso se deja ver.

—Hay muchas figuras bellas en la fila —asintió Bansir—, hombres tan valiosos como nosotros. Hombres altos y rubios del norte, hombres negros sonrientes del sur, pequeños hombres morenos de los países aledaños. Todos marchando lado a lado, del río a los jardines, de ida y vuelta, día tras día, año tras año. Sin felicidad que anhelar en el futuro. Catres de paja para dormir, avena de grano duro para comer. ¡Ten compasión de estas pobres bestias, Kobbi!

—Los compadezco, y, sin embargo, me has hecho ver que, aunque nos digamos hombres libres, estamos apenas poco mejor que ellos.

—A pesar de lo penoso que es, lo que dices es cierto, Kobbi. No deseamos continuar viviendo año tras año esta vida de esclavos. ¡Trabajar, trabajar, trabajar sin llegar a ningún lugar!

—¿No podríamos averiguar de qué manera encuentran su oro los otros?

—preguntó Kobbi.

—Tal vez hay un secreto que podríamos comprender si les preguntáramos a los que saben —respondió Bansir con aire meditabundo.

—Justo hoy pasé junto a nuestro viejo amigo Arkad —explicó Kobbi—. Iba en su cuadriga dorada. Debo decir que no me miró con arrogancia, como muchos de su posición se consideran con derecho a hacer. En lugar de eso, agitó su mano para que todos los que miraban lo vieran saludando y concediéndole una sonrisa de amistad a Kobbi, el músico.

—Dicen que es el hombre más rico de Babilonia —musitó Bansir cavilando.

—Es tan rico que dicen que el rey le ha pedido que le ayude con su oro en asuntos del tesoro —añadió Kobbi.

—Tan rico —interrumpió Bansir—, que temo que si lo encontrara en medio de la oscuridad de la noche, echaría mano a la riqueza en su saco.

—No digas tonterías —exclamó Kobbi con un gesto de desaprobación—: la riqueza de un hombre no está en el saco que porta. Un saco lleno se vaciaría rápido si no hubiera un flujo de oro que lo rellenara. Arkad tiene ingresos que mantienen su saco lleno de manera constante, sin importar cuánto gaste.

—Ingresos, eso es —exclamó Bansir—. Desearía que un ingreso fluyera a mi saco sin importar si estoy sentado sobre el muro que rodea mi casa o viajando a tierras lejanas. Arkad debe saber cómo un hombre puede producir un ingreso para sí. ¿Crees que sea algo que le podría explicar a una mente tan lenta como la mía?

—Creo que Arkad comparte sus conocimientos con Nomasir, su hijo —respondió Kobbi—. ¿No fue a Nínive y, según cuentan en la posada, se convirtió en uno de los hombres más ricos de la ciudad sin ayuda de su padre?

—Kobbi, me presentas un pensamiento singular —dijo Bansir mientras de sus ojos surgía una luz fulgurante—. No cuesta nada pedir el consejo de un amigo, y Arkad siempre lo fue. No importa que nuestros sacos estén tan vacíos como el nido del halcón hace un año. No permitamos que eso nos detenga. Estamos cansados de no tener oro en medio de la abundancia. Deseamos ser hombres de medios. Anda, vayamos a ver a Arkad y preguntémosle cómo podríamos nosotros también tener ingresos.

—Hablas con verdadera inspiración, Bansir. Has traído a mi mente un nuevo entendimiento, me has hecho comprender la razón por la que nunca hemos obtenido ninguna cantidad de riqueza: porque nunca la hemos buscado. Tú has trabajado con paciencia para construir las cuadrigas más sólidas de Babilonia. Has consagrado tu mayor esfuerzo a ello y, por lo tanto, has tenido éxito. Yo me he esforzado en ser un hábil intérprete de la lira, y en eso he tenido éxito.

—En todo aquello en lo que nos hemos esforzado al máximo, hemos tenido éxito. Los dioses se sintieron complacidos y nos permitieron continuar. Ahora vemos al fin una luz que brilla tanto como la del sol, que nos invita a aprender más para prosperar. Un nuevo entendimiento nos permitirá encontrar maneras honorables de cumplir nuestros deseos.

—Vayamos a ver a Arkad hoy mismo —insistió Bansir—, e invitemos a otros amigos de nuestra infancia a los que no les haya ido mejor que a nosotros, para que también puedan recibir su sabiduría.

—Siempre has sido considerado con tus amigos, Bansir, y por eso tienes muchos. Será como propones. Vayamos hoy mismo e invitémoslos a acompañarnos.

EL HOMBRE MÁS
RICO DE BABILONIA

En algún tiempo en la antigua Babilonia vivió un hombre muy rico llamado Arkad. Era famoso a lo largo y ancho del reino debido a su gran riqueza. También era reconocido por su desprendimiento. Era caritativo y generoso con su familia, e incluso era generoso con sus propios gastos. Y, sin embargo, su fortuna aumentaba cada año con mayor rapidez de la que gastaba.

Unos amigos de su infancia se acercaron a él y le dijeron:

—Arkad, eres más afortunado que todos los demás. Mientras nosotros luchamos por existir, tú te has convertido en el hombre más rico de Babilonia. Puedes usar los ropajes más finos y disfrutar de los alimentos más peculiares mientras nosotros tenemos que conformarnos con vestir a nuestras familias con atuendos presentables y alimentarlas lo mejor que podemos.

»Y sin embargo, hubo un tiempo en que fuimos iguales. Estudiamos con el mismo maestro y jugamos los mismos juegos. En aquellos días no destacaste ni en los estudios ni en los pasatiempos. Y en los años que han pasado desde entonces tampoco has sido un ciudadano más honorable que nosotros.

»Por lo que hemos podido ver, tampoco trabajaste con más ahínco ni con más fe. Entonces, ¿por qué un destino distinto te ha elegido y te ha permitido disfrutar de todas las cosas buenas de la vida, y a nosotros nos ha ignorado a pesar de merecerlas de la misma manera?

Arkad argumentó de inmediato:

—Si en estos años que han pasado desde que éramos niños ustedes no han tenido más que una existencia desprovista, es porque, o no han aprendido las leyes que rigen la generación de la riqueza o no las observan.

»La inconstante Fortuna es una diosa que actúa con malicia y no le trae bien permanente a nadie. Por el contrario, ocasiona la ruina de todo aquel al que baña con oro no ganado con trabajo. Forma hombres que gastan sin sentido y que en poco tiempo desaparecen todo lo que recibieron; hombres asolados por apetitos y deseos abrumadores que ellos mismos no tienen la capacidad de saciar. Y otros, a los que también favorece, se vuelven avaros y acumulan sus riquezas sin gastar nunca porque saben que no poseen la habilidad de volver a generarlas. Los asola el miedo a los ladrones y viven condenados a una existencia vacua y de secreta miseria.

»Hay otros que quizá puedan tomar oro no ganado con trabajo, añadirle más y continuar siendo ciudadanos felices y satisfechos. Sin embargo, son tan pocos que solo los conozco de oídas. Piensen en los hombres que han heredado fortunas de manera repentina, y díganme si no es cierto lo que digo.

Sus amigos admitieron que lo que decía respecto a los conocidos que heredaron fortunas era cierto, y le pidieron que les explicara cómo había logrado él ser tan próspero. Arkad continuó:

—En mi juventud miré a mi alrededor y vi todas las cosas buenas que proveían felicidad y satisfacción. Entonces comprendí que la riqueza aumentaba su valor.

»La riqueza es un poder, muchas cosas son posibles gracias a ella.

»Uno puede adornar su hogar con el mobiliario más suntuoso.

»Navegar en mares distantes.

»Darse un festín con manjares de tierras lejanas.

»Comprar los adornos del orfebre que trabaja con oro y del artesano que pule la piedra.

»Uno puede incluso construir templos monumentales para los dioses.

»Uno puede hacer todas estas cosas y muchas otras que proveen deleite a los sentidos y satisfacción al alma.

»Y cuando me di cuenta de todo esto, me prometí a mí mismo que reclamaría la parte que me correspondía de las cosas buenas de la vida. Que no sería de esos que se quedan a lo lejos mirando con envidia cómo disfrutan los otros. Que no me conformaría con vestir los atuendos más baratos que parecieran respetables. Que no me sentiría satisfecho con lo que le toca al hombre pobre. Al contrario: me invitaría a mí mismo a ese banquete de cosas buenas.

»Como saben, soy hijo de un humilde comerciante, pertenezco a una familia numerosa de la que no espero una herencia y, como ya lo dijeron ustedes con franqueza, no poseo ni poderes superiores ni sabiduría. Al ver todo esto comprendí que si quería obtener lo que deseaba, necesitaría tiempo y mucho estudio.

»Tiempo; todos los hombres lo tienen en abundancia. Sin embargo, ustedes han dejado pasar el que habrían necesitado para volverse ricos y admiten que lo único que poseen son esas buenas familias de las que están tan orgullosos, y con toda razón.

»En cuanto al estudio, ¿no nos enseñó nuestro sabio maestro que el aprendizaje se efectuaba de dos maneras? ¿La primera a través de las cosas que aprendemos y sabemos, y la segunda a través del entrenamiento que nos preparó para averiguar lo que no sabemos?

»Considerando todo esto, me propuse averiguar cómo una persona podía acumular riqueza, y cuando encontré la respuesta, decidí que ese sería mi objetivo y que haría las cosas bien. Porque, sabiendo que cuando descendamos a la oscuridad del mundo de los espíritus sufriremos suficientes penas, ¿no les parece sabio disfrutar mientras vivamos bajo el resplandor del sol?

»Encontré un empleo como escriba en la oficina de archivos y trabajé en las tablillas de arcilla muchas horas cada día. Semana tras semana y mes tras mes me esforcé y, sin embargo, no tenía ganancias que lo probaran porque todo lo que recibía lo usaba para comprar alimentos, vestido, la retribución a los dioses y muchos otros bienes que no recuerdo. Pero mi determinación no me abandonó.

»Un día, Algamish, el prestamista, visitó la casa del regidor de la ciudad, ordenó una copia de la Novena Ley y me dijo: "Debo tener esto en dos días. Si cumples la tarea en ese tiempo, te daré dos monedas de cobre".

»Trabajé con ahínco, pero la ley era extensa, y cuando Algamish regresó yo aún no había terminado la tarea. Se enojó tanto que, de haber sido su esclavo, me habría azotado. Yo, como sabía que el regidor no permitiría que me lastimara, me mostré sin temor y le dije: "Algamish, eres un hombre muy rico, dime cómo puedo volverme pudiente también, y punzaré toda la noche la arcilla para que la tarea esté terminada para cuando el sol se levante".

»Él sonrió y me contestó: "Eres un granuja atrevido, pero acepto el trato que me ofreces".

»Toda esa noche puncé la arcilla a pesar de que me dolía la espalda y de que el olor de la vela me provocó un dolor de cabeza tan fuerte que a mis ojos se les dificultaba ver. Y cuando Algamish regresó al amanecer, las tablillas estaban terminadas.

—Ahora revélame lo que prometiste —le dije.

—Cumpliste tu parte de nuestro trato, hijo —me dijo con gentileza—, y yo estoy listo para cumplir con la mía. Te diré las cosas que deseas saber porque me estoy volviendo anciano y a las lenguas viejas les gusta moverse. Además, cuando la juventud se acerca a la vejez en busca de consejo, recibe sabiduría acumulada durante años. Desafortunadamente, los jóvenes piensan que la vejez solo conoce la sabiduría de los días pasados, y por eso no la aprovechan, pero recuerda esto: el sol que brilla hoy es el mismo que brillaba cuando nació tu padre y que continuará brillando cuando tu último nieto pase a la oscuridad.

»Los pensamientos de la juventud —continuó— son luces fulgurantes que brillan como los meteoros que con frecuencia iluminan el cielo, pero la sabiduría de la vejez se parece más a las estrellas fijas cuyo resplandor es tan constante que el marinero puede depender de ellas para guiar su camino.

»Escucha bien lo que te digo porque, si no, no comprenderás la verdad que te compartiré y pensarás que tu trabajo de toda la noche fue en vano.

Entonces Algamish me miró con perspicacia por debajo de sus despeinadas cejas y con una voz grave y contundente, me dijo: "El camino a la riqueza lo encontré cuando decidí que *conservaría una parte de todo lo que ganara*, y tú lo encontrarás de la misma manera". Luego continuó mirándome con tanta vehemencia que sentí que me traspasaría, pero no dijo más.

—¿Eso es todo? —pregunté.

—Eso fue suficiente para transformar el corazón de un pastor de ovejas en el de un prestamista —contestó.

—Pero todo lo que gano lo puedo guardar, ¿no es cierto? —le pregunté.

—En absoluto —me contestó—. ¿Acaso no le pagas al sastre? ¿No pagas por los alimentos que comes? ¿Puedes vivir en Babilonia sin gastar? ¿Qué posees para mostrar lo que ganaste el mes pasado? ¿Con qué puedes presumir lo que ganaste el año pasado? ¡Tonto! Les pagas a todos menos a ti. ¡Trabajas para otros, lerdo! Para eso valdría lo mismo que fueras esclavo y que trabajaras a cambio de lo que tu amo te diera de comer y para vestirte. Si guardaras para ti una décima parte de todo lo que ganas, ¿cuánto tendrías en diez años?

Mi conocimiento de los números no me falló en ese momento, así que respondí: —Lo mismo que gano en un año.

—Lo que dices es una verdad a medias —replicó Algamish—. Cada moneda de oro que ahorras es como un esclavo que trabaja para ti. Y cada moneda de cobre que esa moneda produce es como un hijo suyo que también puede darte ganancias. Si te volvieras rico, lo que ahorraras tendría que generarte ganancias, y sus descendientes también, y de esa forma todos te proveerían la abundancia que tanto anhelas.

»Piensas que te estoy estafando, que no te estoy dando lo que correspondería a la larga noche que pasaste trabajando —continuó—, pero si tu inteligencia es capaz de comprender la verdad que te ofrezco, verás que te estoy pagando mil veces más.

»Debes conservar para ti una porción de todo lo que obtengas. Sin importar cuánto ganes, no deberá ser menos de la décima parte. Puede ser tanto como te puedas permitir, pero págate a ti antes. No le compres al sastre ni al zapatero más de lo que puedas pagarles usando lo que te quede después de pagarte a ti mismo y de apartar suficiente para comprar tus alimentos, dar a la caridad y retribuir a los dioses.

»La riqueza, como el árbol, nace de una pequeña semilla. La primera moneda de cobre que ahorres será la semilla de la que surgirá tu árbol de la abundancia. Entre más pronto la plantes, más pronto crecerá el árbol, y entre más te comprometas a alimentarlo y regarlo con ahorros constantes, más pronto disfrutarás con alegría recostado bajo su sombra.

Y tras haber dicho esto, Algamish tomó sus tablillas y se fue.

Pensé mucho en lo que me dijo y me pareció razonable, así que decidí que intentaría seguir su consejo. Cada vez que me pagaban, tomaba una de las diez monedas de cobre y la escondía y, aunque parezca extraño, no me faltaban más recursos que antes. Noté poca diferencia y me las arreglé sin esa moneda. A medida que empezó a crecer mi ahorro, sin embargo, me sentí tentado a gastarlo en algunas de las buenas cosas que los mercaderes traían en camellos y navíos desde la tierra de los fenicios, pero fui sabio y me contuve.

Doce meses después de que Algamish me hablara, volvió a buscarme y me dijo: —Hijo, ¿todo este año te has pagado a ti mismo por lo menos la décima parte de lo que ganas?

—Así es, gran señor, me he pagado a mí mismo —contesté orgulloso.

—Muy bien —respondió mirándome con una sonrisa fulgurante—. ¿Y qué has hecho con tus monedas?

—Se las di a Azmur, el fabricante de ladrillos. Me dijo que viajaría por mares lejanos y que en Tiro me compraría algunas de las joyas raras de los fenicios. Cuando regrese las venderé a precios elevados y nos repartiremos las ganancias.

—Todo tonto debe aprender —gruñó Algamish—, pero si se trata de joyas, ¿por qué confiar en el conocimiento de un fabricante de ladrillos? ¿Visitarías al panadero para averiguar sobre las estrellas? ¡Por supuesto que no!

Si tuvieras la capacidad de razonar, visitarías al astrólogo. Has perdido tus ahorros, muchacho, arrancaste de raíz tu árbol de la riqueza. Ahora planta otro y vuelve a intentarlo, y la próxima vez, si quieres consejos sobre joyas, ve a ver al hombre que comercia con ellas. Si necesitaras conocer la verdad sobre las ovejas, visita al pastor. Los consejos se brindan de manera gratuita, pero debes tener cuidado y solo recibir los que valen la pena. Quien acepta consejos sobre el ahorro de alguien que no tiene experiencia en estos asuntos, comprobará, pagando con sus propios ahorros, que esas opiniones son insustanciales —dijo a modo de sentencia y se fue.

Fue tal como lo predijo Algamish. Los fenicios son bribones y le vendieron a Azmur cuentas de vidrio sin valor que parecían gemas. Así que, como me aconsejó, volví a guardar cada mes una de las diez monedas de cobre que recibía. No fue difícil porque ya me había formado el hábito.

Doce meses después, Algamish volvió a la sala de escribas en la oficina de archivos y se dirigió a mí.

—¿Qué avance has tenido desde la última vez que te vi? —preguntó.

—Me he pagado a mí mismo con constancia —contesté—, y le confié mis ahorros a Aggar, el fabricante de escudos. Le pedí que comprara bronce, y el cuarto día de cada mes me paga una renta.

—Eso está bien. ¿Y qué haces con esa renta?

—Me doy un gran festín con miel, vino costoso y tarta de especias. También me compré una túnica color escarlata, y algún día me compraré un burro joven para montarlo.

Algamish rio al escucharme. «Estás devorando a los hijos de tus ahorros. Así, ¿cómo esperas que trabajen para ti? ¿Y cómo podrán tener hijos que también sean tus siervos? Primero forma un ejército de esclavos dorados y luego podrás disfrutar sin arrepentimiento de cuantos generosos banquetes desees».

No volví a verlo en dos años. Cuando regresó, noté su rostro lleno de arrugas profundas y su mirada lánguida: se estaba volviendo un hombre muy viejo. Entonces me preguntó:

—Arkad, ¿ya obtuviste la riqueza con la que soñabas?

—Aún no poseo todo lo que deseo, pero he obtenido cierta riqueza que me produce más, y estas ganancias también me producen algo —respondí.

—¿Y aún pides consejo a los fabricantes de ladrillos?

—Sí. Si se trata de ladrillos, me aconsejan bien —repliqué.

—Arkad —continuó—, has aprendido bien tus lecciones. Primero aprendiste a vivir con menos de lo que ganabas. Luego aprendiste a buscar el consejo de quienes pueden brindarlo porque la experiencia los ha vuelto competentes. Por último, aprendiste a hacer que el oro trabajara para ti.

»Te has enseñado a ti mismo a adquirir dinero, a conservarlo y a usarlo. Por lo tanto, ahora tienes la capacidad de ocupar un puesto de gran responsabilidad. Yo me estoy volviendo viejo y mis hijos solo piensan en gastar, no les preocupa ganar. Mis intereses son abundantes y mucho me temo que ya no soy capaz de ver por ellos. Si vas a Nippur y te haces cargo de los terrenos que ahí tengo, te convertiré en mi socio y compartiré contigo mi finca.

Así que fui a Nippur y me hice cargo de sus propiedades, que no eran pocas. Y como yo era un hombre desbordante de ambición y ahora dominaba las tres leyes para manejar con éxito la riqueza, pude incrementar en gran medida el valor de sus bienes. Prosperé mucho y, cuando el espíritu de Algamish partió hacia la esfera de la oscuridad, recibí una parte de su herencia de acuerdo con lo que él había establecido legalmente.

Así habló Arkad, y cuando terminó su historia, uno de sus amigos dijo:

—En verdad fuiste afortunado de que Algamish te hiciera su heredero.

—Afortunado solo en el sentido de que tuve el deseo de prosperar incluso antes de conocerlo. ¿No probé la certeza de mi propósito guardando la décima parte de todo lo que ganaba? ¿Dirías que un pescador es afortunado aun sabiendo que pasó años estudiando los hábitos de los peces para saber cómo lanzar sus redes cada vez que el viento cambia de dirección? La oportunidad es una diosa altiva que no pierde su tiempo con quienes no están preparados.

—Tuviste la fuerza de voluntad para seguir adelante a pesar de haber perdido todos tus ahorros del primer año. En ese sentido, eres una persona peculiar —dijo otro de los hombres.

—¡Fuerza de voluntad! —replicó Arkad—. Qué tontería. ¿Crees que la fuerza de voluntad le da a un hombre la capacidad de levantar un peso que el camello no puede llevar a cuestas o de arrastrar una carga que el buey no puede mover? La fuerza de voluntad es solo el inquebrantable propósito de realizar una tarea que te propones llevar a cabo hasta el final. Si me impongo una misión, aunque sea insignificante, siempre la completo porque, si no, ¿de qué otra manera tendré confianza para hacer cosas importantes? Si me dijera a mí mismo: «Durante cien días, cada vez que cruce el puente para ir a la ciudad, recogeré un guijarro y lo lanzaré al río», lo haría. Si el séptimo día atravesara el puente y no recordara mi propósito, no me diría: «Mañana lanzaré dos guijarros y eso deberá bastar». En lugar de eso volvería atrás y lanzaría el guijarro. Y el día veintisiete tampoco me diría: «Esto es inútil, Arkad, ¿de qué te sirve lanzar un guijarro al río todos los días?». No. Ni lo diría ni dejaría de hacerlo. Cuando me fijo una meta, la cumplo. Por esta razón, y porque amo tener tiempo libre, soy cuidadoso y no inicio tareas difíciles o imprácticas.

Entonces intervino otro de los amigos.

—Lo que nos dices parece ser verdad y también parece razonable. Pero entonces, si fuera tan sencillo y todos los hombres lo hicieran, no quedaría suficiente riqueza en el mundo.

—La riqueza crecerá en cualquier lugar en que los hombres se esfuercen y ejerzan su energía —contestó Arkad—. Si un hombre rico se construye un palacio nuevo, ¿el oro que paga desaparece? No. El fabricante de ladrillos tiene una parte, el albañil tiene otra y al artista le toca una parte más. Todos los que participan en la construcción poseen algo de ese oro. Y luego, cuando el palacio está terminado, ¿su valor no es igual a lo que costó construirlo? ¿Y el terreno en el que fue erigido no vale más porque el palacio está ahí? ¿Y la tierra adyacente no vale más porque el palacio está al lado? La riqueza crece de maneras mágicas. Ningún hombre puede adivinar sus límites. ¿Los fenicios no construyeron grandes ciudades en costas estériles con la riqueza proveniente de los barcos mercantes que mantienen en los mares?

—Entonces, ¿qué consejo nos das para volvernos ricos también? —preguntó otro de los amigos—. Los años han pasado, ya nos somos jóvenes y no hemos reservado ninguna riqueza.

—Les recomiendo que tomen la sabiduría de Algamish y que se digan a sí mismos: "Una parte de todo lo que gane es para que yo la conserve". Díganlo al amanecer, en cuanto se despierten. Díganlo por la tarde. Díganlo en la noche. Díganlo cada hora del día, todos los días. Repítanlo para sí mismos hasta que las palabras queden grabadas como letras de fuego en el cielo.

»Permitan que esta idea quede impresa en ustedes, que este pensamiento los imbuya. Luego tomen la porción que les parezca sabio guardar, asegúrense de que no sea menos de la décima parte, y ahórrenla. De ser necesario organicen todos sus gastos para lograrlo, pero primero aparten esa porción. En poco tiempo comprenderán el sentimiento de riqueza que da poseer un tesoro que solo ustedes pueden reclamar como suyo. A medida que este crezca los estimulará, y una nueva alegría de vida se apoderará de ustedes. Harán un gran esfuerzo por ganar más porque, si sus ganancias son cada vez mayores, ¿ese mismo porcentaje no lo será también?

»Luego aprendan a hacer que su tesoro trabaje para ustedes. Conviértanlo en su esclavo. Hagan que sus hijos y los hijos de sus hijos generen riqueza para ustedes.

»Asegúrense un ingreso para el futuro. Miren a los viejos y no olviden que, en el porvenir, estarán entre ellos. Por todo esto, inviertan en su tesoro y tengan sumo cuidado para no perderlo. Las tasas de retorno de los usureros son sirenas engañosas que cantan para atraer a los incautos hacia las rocas de la pérdida y el remordimiento.

»Provean también lo necesario para que sus familias no carezcan de nada en caso de que los dioses los llamen a su reino. Para este tipo de protección siempre es posible hacer un ahorro con pagos modestos a intervalos regulares. El hombre previsor no pierde tiempo esperando que le llegue una suma cuantiosa para cumplir este sabio propósito.

»Pidan el consejo de hombres sabios. Busquen la opinión de hombres cuya labor diaria consista en manejar dinero. Permitan que ellos los salven de un error como el que yo mismo cometí cuando confié mi dinero al juicio de Azmur, el fabricante de ladrillos. Es mucho más deseable recibir un retorno modesto y seguro que correr un riesgo.

»Disfruten de la vida mientras estén aquí. No se fatiguen de manera excesiva ni traten de ahorrar demasiado. Si lo único que pueden guardar de manera confortable es la décima parte de lo que ganan, siéntanse satisfechos de reservar esta porción. Por lo demás, vivan de acuerdo con sus ingresos y no se permitan ser tacaños ni tengan miedo de gastar: la vida es buena y rica en cosas que vale la pena disfrutar.

Los amigos de Arkad le agradecieron y se fueron. Algunos partieron en silencio porque no tenían imaginación y no entendían lo que habían escuchado. Otros hablaron con sarcasmo porque pensaban que un hombre tan rico como él podría dividir y compartir su riqueza con sus amigos menos afortunados. Pero algunos más partieron con un nuevo fulgor en la mirada. Comprendieron que Algamish había vuelto en cada ocasión al taller de los escribas porque le agradaba ver a un hombre esforzarse por salir de la oscuridad y encontrar la luz. Y cuando la halló, en ella había un lugar reservado para él. Un lugar que nadie podría ocupar hasta que no lograra comprender por sí mismo lo que era necesario, hasta que no estuviera preparado para la oportunidad.

Estos hombres fueron los que volvieron a visitar a Arkad con frecuencia en los años siguientes, y a quienes recibió con alegría. Los aconsejó y les brindó su sabiduría sin pedir nada a cambio, como siempre lo hacen con gusto quienes tienen amplia experiencia. También les ayudó a invertir sus ahorros para que les produjeran buenos intereses de manera segura, y para que no se perdieran ni se involucraran en inversiones que no pagaran dividendos.

El punto de inflexión en la vida de estos hombres llegó el día que comprendieron la verdad que Algamish le transmitió a Arkad, y Arkad a ellos.

> **DEBES CONSERVAR PARA TI**
> **UNA PARTE DE TODO LO QUE GANES**

SIETE REMEDIOS
PARA UN SACO MAGRO

L a gloria de Babilonia perdura. A pesar del paso de las eras, su reputación como una de las ciudades más ricas, poseedora de fabulosos tesoros, ha llegado a nosotros. Sin embargo, las cosas no siempre fueron así. La riqueza de Babilonia fue resultado de la sabiduría de sus habitantes, quienes primero tuvieron que aprender cómo volverse ricos.

Cuando el buen rey Sargón volvió a Babilonia tras haber vencido a sus enemigos, los elamitas, se enfrentó a una situación delicada. El ministro real se la explicó de esta manera:

—Después de muchos años durante los cuales nuestra gente gozó de gran prosperidad gracias a que Su Majestad hizo construir los grandes canales de irrigación y los poderosos templos de los dioses, ahora que dichas obras están terminadas, muchos parecen incapaces de sostenerse a sí mismos. Los trabajadores no tienen empleo. Los mercaderes tienen pocos compradores. Los campesinos no pueden vender sus cosechas. La gente no tiene oro suficiente para comprar comida.

—¿Dónde quedó todo el oro que invertimos en estas grandes mejoras? —preguntó el rey.

—Me temo que se ha ido —respondió el ministro—. Ahora está en manos de los pocos hombres ricos de nuestra ciudad. Se filtró por entre los dedos de nuestra gente con la rapidez con que la leche de cabra atraviesa el colador. Ahora que el oro ha dejado de fluir, pocos en nuestro pueblo tienen algo con qué probar lo que han ganado.

El rey se quedó pensando un rato y luego preguntó:

—¿Por qué solo unos cuantos hombres pudieron quedarse con todo el oro?

—Porque saben cómo hacerlo —respondió el ministro—. No es posible condenar a nadie por saber cómo volverse exitoso. Tampoco podemos usar la justicia para despojar a un hombre de lo que ha ganado de manera honesta y dárselo a otros de menor habilidad.

—¿Pero por qué no podría toda la gente aprender a acumular oro y así volverse rica y próspera? —preguntó el rey.

—Eso es posible, Su Majestad, pero ¿quién les enseñaría? Los sacerdotes no podrían porque no saben nada sobre cómo generar dinero.

—Ministro, ¿quién sabe cómo volverse rico en nuestra ciudad? —preguntó el rey.

—Su pregunta se responde a sí misma, Majestad. ¿Quién ha amasado la mayor fortuna en Babilonia?

—Bien dicho, mi hábil ministro. Arkad. Él es el hombre más rico de Babilonia. Tráigalo ante mí mañana.

Como lo decretó el rey, al día siguiente Arkad apareció frente a él erguido y brioso a pesar de sus tres veintenas y una década.

—Arkad —habló el rey—, ¿es verdad que eres el hombre más rico de Babilonia?

—Es lo que se dice, Su Majestad, y ningún hombre lo disputa.

—¿Cómo te volviste tan rico?

—Aprovechando las oportunidades disponibles para todos los ciudadanos de nuestra noble ciudad.

—¿No tenías nada al principio?

—Solo un gran deseo de amasar fortuna, pero además de eso, no, nada.

—Arkad —continuó el rey—, nuestra ciudad se encuentra en un estado de profunda tristeza porque solo algunos hombres saben cómo adquirir riqueza y la monopolizan. Mientras tanto, la mayoría de nuestros ciudadanos carece del conocimiento para conservar una porción del oro que recibe. Es mi deseo que Babilonia sea la ciudad más rica del mundo, y para eso debe ser una ciudad donde haya muchos hombres acaudalados.

Debemos enseñarle a toda la gente a adquirir riqueza. Dime, Arkad, ¿hay algún secreto para obtenerla? ¿Es algo que se pueda enseñar a otros?

—Es una habilidad práctica, Su Majestad, y lo que sabe un hombre se les puede transmitir a otros.

Los ojos del rey se iluminaron.

—Arkad, ¡has pronunciado las palabras que deseaba escuchar! ¿Te prestarías a esta noble causa? ¿Compartirías tu conocimiento en una escuela para formar maestros que, a su vez, les enseñen a otros hasta que haya suficientes maestros para enseñar estas verdades a cada valioso súbdito de mi reino?

Arkad hizo una reverencia y contestó:

—Soy su humilde servidor, estoy a sus órdenes. Todo conocimiento que yo posea lo compartiré con gusto para mejorar la vida de mis semejantes y para la gloria de mi rey. Permita que su leal ministro prepare un grupo de cien hombres, y yo les enseñaré los siete remedios que engrosaron mi saco cuando este era el más magro de todos los de Babilonia.

De acuerdo con las órdenes del rey, catorce días después los cien elegidos se reunieron en el gran salón del Templo del Aprendizaje y se sentaron en coloridos anillos dispuestos en medialuna. Arkad se acomodó en un pequeño taburete sobre el cual humeaba una lámpara sagrada que producía un agradable y peculiar aroma.

—Mirad al hombre más rico de Babilonia —susurró un estudiante dando con el codo a su compañero cuando vio a Arkad ponerse de pie—. Es solamente un hombre igual que nosotros.

—Me presento ante ustedes como diligente súbdito al servicio de nuestro magnífico rey —anunció Arkad—. Alguna vez fui un joven pobre que deseaba oro con vehemencia, pero luego encontré el conocimiento que me permitió obtenerlo, y por eso ahora nuestro soberano me ha solicitado compartir con ustedes lo que sé.

»Inicié mi fortuna de la manera más modesta. No tenía ninguna ventaja más de las que gozan ustedes y todos los ciudadanos de Babilonia. El primer lugar donde almacené mi tesoro fue un pequeño y viejo saco colgado de mi cinturón cuya inútil vacuidad detestaba. Como deseaba que se viera redondo y lleno, y que el golpeteo del oro en su interior lo hiciera tintinear, busqué todos los remedios posibles para llenar un saco magro. Encontré siete.

»Ahora que están reunidos frente a mí, les hablaré de los siete remedios que recomiendo a todos los hombres que desean poseer oro en gran cantidad. Explicaré cada uno de ellos durante los siguientes siete días.

»Escuchen con atención el conocimiento que impartiré, debatan conmigo, discútanlo entre ustedes. Aprendan estas lecciones a fondo para que también puedan plantar en su saco la semilla de la abundancia. Primero les enseñaré cómo comenzar a amasar con sabiduría una fortuna propia. Luego se volverán competentes, y solo entonces podrán transmitir estas verdades a otros.

»Les enseñaré de una manera sencilla cómo engrosar sus sacos. Este es el primer paso hacia el templo de la riqueza, al cual no podrá ascender ningún hombre que no haya plantado antes, con fuerza, los pies en el primer escalón.

»Ahora hablaremos del primer remedio.

El primer remedio
Comienza a engrosar tu saco

Arkad se dirigió a un hombre pensativo sentado en la segunda fila.

—Amigo mío, ¿cuál es tu oficio?

—Soy escriba —contestó el hombre—. Punzo los registros en las tablillas de arcilla.

—Mis primeras monedas de cobre las gané realizando esa misma labor, así que tienes la misma oportunidad que yo de amasar una fortuna.

Arkad se dirigió a un hombre de rostro rubicundo sentado un poco más al fondo.

—Dinos, por favor, cómo te ganas el pan.

—Soy carnicero —respondió el segundo hombre—. Les compro cabras a los granjeros, las crío, las mato y luego les vendo la carne a las amas de casa y el cuero a los fabricantes de sandalias.

—Porque también laboras y te ganas la vida, tú, como yo, posees todas las ventajas necesarias para tener éxito.

De esta manera continuó Arkad preguntando a cada hombre con qué oficio se ganaba la vida. Cuando terminó de interrogarlos, dijo:

—Alumnos míos, han constatado que hay muchos oficios y labores con los que los hombres pueden ganar monedas. Cada manera de ganar es una corriente de oro de la que el trabajador desvía una parte de su trabajo para su propio saco. Hacia el saco de cada uno de ustedes fluye una corriente de monedas que, dependiendo de la habilidad de cada hombre, es más o menos abundante. ¿No es verdad?

Todos asintieron porque estaban de acuerdo en que era verdad.

—Entonces —continuó Arkad—, si desean amasar fortuna para sí mismos, ¿no les parece sabio empezar usando esa fuente de riqueza a la que cada hombre tiene acceso?

En esto estuvieron de acuerdo también.

Arkad giró y miró a un humilde ciudadano que había dicho que era comerciante de huevo.

—Si eliges uno de tus canastos y cada mañana pones en él diez huevos y cada noche sacas nueve, ¿qué sucederá con el paso del tiempo?

—Empezará a rebosar.

—¿Por qué?

—Porque cada día dejaré uno más de los que saco.

Arkad miró a sus alumnos sonriendo.

—¿Alguno de los hombres presentes tiene un saco magro?

Los asistentes parecieron divertidos al principio. Luego rieron y, por último, agitaron sus sacos y bolsas haciendo bromas.

—De acuerdo —continuó Arkad—. Ahora les hablaré del primer remedio que aprendí para engrosar un saco magro. Hagan exactamente lo que le sugerí al mercader de huevo. De cada *diez* monedas que coloquen en él, solo tomen nueve para sus gastos. El saco empezará a engrosar de inmediato. Su peso creciente, además de sentirse bien en sus manos, apaciguará su alma.

»No se burlen de lo que les digo solo porque es simple, la verdad siempre lo es. Les dije que les contaría cómo amasé mi fortuna, y así fue como empecé. Yo también tenía un saco magro, casi vacío, y lo maldecía porque en él no había lo necesario para satisfacer mis deseos. Pero cuando empecé a sacar solamente nueve partes de las diez que metía, comenzó a engrosar. El de ustedes también lo hará.

»Ahora les hablaré de una verdad peculiar cuya razón desconozco. Cuando dejé de pagarles a otros más de nueve décimos de mis ganancias, pude sobrevivir igual que siempre, no me hacían falta más monedas que antes. Poco después, las monedas empezaron a llegar a mí con mayor facilidad que antes. Seguramente se debió a la ley de los dioses que dicta que aquel que conserve y no gaste una porción de todas sus ganancias, tendrá oro con más facilidad. De la misma manera, el oro elude a aquel cuyo saco permanece vacío.

»¿Qué es lo que más desean ustedes? ¿La satisfacción de sus deseos del día a día? ¿Una joya, vestimentas de gala, mejores prendas, más comida? ¿El tipo de bienes que desaparecen y se olvidan pronto? ¿O desean pertenencias sustanciales como oro, tierra, ganado, mercancías e inversiones que les permitan tener ingresos? Las monedas que toman de sus sacos les pueden ofrecer lo primero. Las monedas que dejen en el interior les ofrecerán lo segundo.

»Este, alumnos míos, fue el primer remedio que descubrí para mi magro saco: *De cada diez monedas que meta en él, solo gastaré nueve.* Debatan entre ustedes, y si algún hombre prueba que no es verdad, que me lo diga mañana cuando nos volvamos a encontrar.

El segundo remedio
Controla tus gastos

—Amigos míos, algunos de ustedes me han preguntado: «¿Cómo puede un hombre conservar en su saco la décima parte de todo lo que gana si las monedas que le pagan no son suficientes para cubrir sus gastos esenciales?» —les dijo Arkad a sus alumnos el segundo día.

»Ayer, ¿cuántos de ustedes tenían sacos vacíos?

—Todos —respondieron los hombres del grupo.

—Y, sin embargo, no todos ganan lo mismo, algunos reciben mucho más que los otros. Algunos también mantienen a familias más numerosas. Pero todos los sacos estaban casi vacíos de igual manera. Ahora les diré una verdad singular respecto a los hombres y los hijos de los hombres. Se trata de lo siguiente: Eso a lo que todos llamamos "gastos esenciales" siempre crecerá de forma proporcional a nuestro ingreso a menos que insistamos en lo contrario.

»No confundan los gastos esenciales o necesarios con sus deseos. Cada uno de ustedes y sus honorables familias tienen más deseos de los que sus ingresos pueden satisfacer. Muchos han utilizado sus ganancias para satisfacerlos hasta la fecha y, sin embargo, buena parte de esos deseos continúan sin ser satisfechos.

»Todos los hombres cargan el peso de más deseos de los que pueden satisfacer, pero, ¿creen ustedes que solo porque poseo riqueza debo satisfacer todos mis deseos? Esta es una idea falsa. Mi tiempo tiene un límite, mi fuerza tiene un límite. También las distancias que podría viajar tienen un límite. Lo que podría comer tiene un límite. La emoción de la que podría disfrutar tiene un límite.

»Les digo que, con la misma libertad con que las semillas crecen en el campo cada vez que el campesino deja espacio entre ellas para las raíces, así crecen en los hombres los deseos cada vez que surge la posibilidad de verlos satisfechos. Ustedes albergan una multitud de anhelos, pero los que podrían ver cumplidos son solo unos cuantos.

»Analicen con detalle sus hábitos de vida. Entre ellos encontrarán con frecuencia gastos aceptables que, con algo de sabiduría, pueden reducirse o eliminarse. Que su lema sea: "Apreciar por completo el valor de cada moneda que gasto".

»Para esto, graben en una tablilla cada uno de los bienes en que deseen gastar. Elijan los que sean necesarios, así como otros que se puedan adquirir usando nada más nueve décimos de su ingreso. Los demás táchenlos y solo considérenlos parte de esa multitud de deseos que deberán quedarse sin ser satisfechos, y no se arrepientan de ello.

»A continuación hagan un presupuesto para sus gastos necesarios. No toquen la décima parte que ahora engrosa su saco. Permitan que este sea ahora el gran deseo que se realizará. Continúen trabajando en su presupuesto, ajústenlo para ayudarse a sí mismos, conviértanlo en su mayor aliado para defender ese saco cada vez más lleno.

En ese momento, un alumno que vestía una túnica roja y dorada se levantó y dijo:

—Yo soy un hombre libre. Me parece que tengo derecho a disfrutar las cosas buenas de la vida. Por esta razón, me revelo contra la esclavitud de un presupuesto que determine cuánto debo gastar y en qué. Siento que eso le quitaría demasiado placer a mi existencia y me convertiría en poco más que un burro de carga.

Arkad le respondió:

—Amigo mío, ¿quién definiría tu presupuesto?

—Yo mismo —respondió el hombre que se quejó.

—En ese caso, si un burro hiciera un presupuesto de su carga, ¿incluiría joyas, alfombras y pesadas barras de oro? En absoluto. Incluiría heno, granos y un saco con agua para el camino del desierto.

»El propósito de un presupuesto es ayudar a engrosar tu saco. Ayudarte a cubrir tus necesidades y, si acaso son realizables, a cumplir tus otros deseos. Su propósito es permitirte cumplir tus anhelos más profundos protegiéndolos de los deseos casuales. De la misma manera que una luz brilla en una cueva oscura, tu presupuesto te muestra las fugas de tu saco y te permite detenerlas y controlar los gastos para cumplir propósitos definitivos y gratificantes.

»Este es el segundo remedio para un saco magro. *Haz un presupuesto para tener monedas con qué pagar tus necesidades, para pagar los objetos de goce y para cumplir los deseos que realmente valgan la pena sin gastar más de nueve décimos.*

El tercer remedio
Haz que tu oro se multiplique

—Ya viste que tu saco comienza a engrosarse, también te has formado la disciplina necesaria para dejar en él la décima parte de todo lo que ganas. Has controlado tus gastos para proteger tu creciente riqueza. Ahora hablaré de las maneras en que puedes poner tu tesoro a trabajar e incrementarse. Poseer un saco con oro es muy gratificante y puede satisfacer al alma mezquina. Sin embargo, no produce ninguna ganancia. El oro que podamos conservar de nuestras ganancias es solo el principio: lo que produzca será lo que nos permita amasar fortunas —les dijo Arkad a sus estudiantes el tercer día de las enseñanzas.

—Pero ¿cómo podemos poner nuestro oro a trabajar? Mi primera inversión fue desafortunada porque lo perdí todo. Más adelante les contaré esa historia. Mi primera inversión rentable la hice al prestarle oro a un fabricante de escudos llamado Aggar que compraba cada año grandes cargamentos de bronce traídos del otro lado del mar y usaba el metal para su oficio. Como no tenía suficiente capital para pagarles a los comerciantes, les pedía prestado a quienes les sobraran algunas monedas. Era un hombre de honor, así que después de vender sus escudos pagaba los préstamos y añadía cierta cantidad correspondiente a los intereses.

»Cada vez que yo le prestaba dinero, incluía la cantidad adicional de intereses que *él* me había dado. Así, no solo se incrementó mi capital, también las ganancias de Aggar aumentaron. Lo más gratificante fue ver estas sumas volviendo a mi saco.

»Así les digo, estudiantes míos, que la riqueza de un hombre no se encuentra en las monedas que coloca en su saco, sino en el ingreso que pueda generar, en el oro que fluya de manera continua hacia ese saco y lo mantenga siempre repleto. Es lo que todo hombre desea, es lo que cada uno de ustedes anhela: un ingreso que siga llegando sin importar si trabajan o viajan.

»Yo he acumulado un gran ingreso, uno tan abundante que ahora me consideran un hombre muy rico. Los préstamos que le hice a Aggar fueron mi primer entrenamiento para hacer una inversión rentable. Tras ganar sabiduría gracias a esa experiencia, mi capital aumentó y pude extender mis préstamos e inversiones. Al principio la corriente dorada de riqueza fluyó hacia mi saco desde solo algunas fuentes, pero más adelante estas se multiplicaron y pude usar esa riqueza de cualquier manera sabia que me pareciera correcta.

»Dense cuenta de que a partir de mis humildes ganancias engendré una gran reserva de monedas de oro que trabajaron como mis esclavas y me produjeron más oro. Ellas trabajaban para mí, y sus hijos y los hijos de sus hijos también, y así se generó un abundante ingreso gracias a su esfuerzo conjunto.

»El oro se multiplicó con rapidez gracias a ganancias razonables que entenderán con el siguiente ejemplo. Cuando nació su primer hijo, un campesino tomó diez monedas de plata y se las llevó al prestamista. Le pidió que las guardara y que añadiera un pago correspondiente a intereses hasta que su hijo cumpliera veintiún años. El prestamista guardó las monedas y estuvo de acuerdo en pagarle al campesino un cuarto de su valor cada cuatro años. Como el campesino había apartado esta suma para dársela a su hijo, le pidió al prestamista que los intereses se sumaran al capital principal.

»Cuando el muchacho cumplió veinte años, el campesino volvió a visitar al prestamista para preguntarle por su plata. El prestamista le explicó que, como la suma había aumentado gracias a intereses compuestos, las diez monedas originales se habían convertido en treinta y una.

»El campesino se sintió muy complacido, y como su hijo no necesitaba las monedas aún, se las dejó al prestamista. Para cuando el hijo cumplió cincuenta años, el campesino había pasado a una mejor vida, pero el prestamista dio fin al acuerdo y le entregó al hombre ciento sesenta y siete monedas de plata.

»Así pues, la inversión se multiplicó casi diecisiete veces gracias a los intereses.

»Este es el tercer remedio para un saco magro: *Poner cada moneda a trabajar para que se reproduzca como los rebaños del campo y te haga llegar ingreso: un riachuelo de riqueza que fluya de manera constante a tu saco.*

El cuarto remedio
Protege tus tesoros de la pérdida

—La mala fortuna apunta a los blancos deslumbrantes. El oro en el saco de un hombre debe guardarse con persistencia o, de lo contrario, se perderá. Por esto, lo más sabio es apartar primero cantidades pequeñas y aprender a protegerlas antes de que los dioses nos confíen riquezas mayores —les dijo Arkad a sus estudiantes el cuarto día de las enseñanzas.

»Todo hombre que posee oro se ve tentado por las oportunidades en las que parecería que podría generar grandes sumas invirtiendo en proyectos plausibles en apariencia. Con frecuencia, los amigos y los parientes desean con vehemencia participar en este tipo de inversiones e instan al poseedor del saco a hacer lo que ellos.

»El primer principio importante de las inversiones es la seguridad de tu capital principal. ¿Te parece sabio sentirte atraído a obtener ganancias mayores si tu capital corre el riesgo de perderse? Yo diría que no. La penalización del riesgo es la pérdida probable. Antes de separarte de tu tesoro analiza de manera minuciosa las garantías que te permitirán recuperarlo de manera segura. No te dejes engañar por tus propios anhelos ilusorios de crear riqueza con rapidez.

»Antes de prestarle tu dinero a cualquier hombre, asegúrate de que tenga la capacidad de devolvértelo y verifica su reputación como hombre de honor. De esta manera no le regalarás sin darte cuenta el tesoro que tanto trabajo te ha costado formar.

»Recuerda que antes de entregar tu tesoro como inversión en algún área, deberás familiarizarte con los peligros que esta podría representar.

»Mi primera inversión resultó una tragedia para mí. Le confié todos mis ahorros de un año a un fabricante de ladrillos llamado Azmur, quien viajó por mares lejanos y, al llegar a Tiro, accedió a comprar para mí algunas de las raras joyas de los fenicios. Nuestro plan era venderlas cuando él regresara y repartir las ganancias, pero los fenicios que encontró eran unos bribones y le vendieron trozos de vidrio. Así se perdió mi tesoro. Ahora, gracias a la experiencia, sé que es una tontería confiar en que un fabricante de ladrillos sea capaz de adquirir joyas.

»Por esta razón, les recomiendo guiarse por mi experiencia: no confíen demasiado en su propia sabiduría, no entreguen sus tesoros a inversiones que podrían convertirse en trampas. Para obtener ganancias es mejor consultar a quienes cuentan con conocimiento y experiencia en el manejo de la riqueza. Estas personas podrían darles consejos gratuitos si ustedes los solicitan, y esos consejos podrían valer una suma equivalente a la que están considerando invertir. A decir verdad, si el consejo de otro les evita la pérdida, entonces realmente vale oro.

»Este es el cuarto remedio para un saco magro. Su importancia es enorme, ya que puede evitar que un saco que ha logrado llenarse quede vacío. *Protege tu tesoro de la pérdida, invierte solamente en proyectos que garanticen la seguridad de tu capital, que te permitan recuperarlo si lo deseas, y que te paguen una suma justa de intereses. Consulta a hombres sabios. Pide el consejo de quienes tienen experiencia en el manejo del oro y las ganancias que este produce. Permite que su sabiduría proteja tu tesoro de inversiones riesgosas.*

El quinto remedio
Convierte tu casa en una inversión rentable

—Si un hombre apartara nueve partes de sus ganancias para vivir y disfrutar de la vida, y si pudiera transformar una porción de esas nueve partes en una inversión rentable que no fuera en detrimento de su bienestar, entonces su tesoro crecería con mucha más rapidez —así habló Arkad con sus alumnos el quinto día de enseñanzas.

»Muchos de nuestros hombres en Babilonia albergan a sus familias en viviendas indecorosas. Les pagan a caseros exigentes rentas abundantes por habitaciones en las que sus esposas no tienen ni un lugar para guardar las flores que alegran el corazón de una mujer y, salvo por las sucias callejuelas, sus niños no tienen lugar para jugar.

»Ninguna familia disfrutará de lleno la vida a menos de que tenga una parcela en la que sus hijos puedan jugar con tierra limpia, y en donde la esposa sea capaz de cultivar no solamente flores, sino también hierbas nutritivas para alimentar a sus hijos.

»Comer los higos de sus propios árboles y las uvas de sus propios viñedos le provee alegría al corazón de un hombre. Tener su propio domicilio y un lugar que le enorgullezca cuidar, llena su corazón de confianza y le provee mayor impulso a todos sus esfuerzos. Por lo tanto, recomiendo que todos los hombres sean poseedores del techo que los protege a ellos y a los suyos.

»Poseer su propia casa es algo posible para todo hombre bien intencionado. ¿Acaso nuestro gran rey no extendió ampliamente los muros de Babilonia para que en su interior ahora haya una gran extensión de tierra libre que podría ser adquirida a sumas muy razonables?

»También les digo a ustedes, alumnos míos, que los prestamistas consideran con alegría los deseos de los hombres que buscan casas y tierra para su familia. Si puedes presentar una porción razonable de la cantidad necesaria provista para este propósito, también puedes pedir dinero prestado para pagarle al fabricante de ladrillos y al constructor para que realicen esta labor tan loable.

»Luego, cuando la casa esté construida, puedes pagarle al prestamista con la misma regularidad con que le pagabas al casero, porque cada pago reducirá tu deuda con él, y en algunos años el préstamo estará pagado.

»Y entonces tu corazón estará feliz porque poseerás una propiedad valiosa y tu único gasto será el correspondiente a los impuestos del rey.

»También ve con tu esposa al río con más frecuencia para lavar tus ropas y para que, al regresar, ella traiga consigo un saco de cuero de cabra lleno de agua que podrán verter sobre las plantas que crecen.

»Así le llegarán muchas bendiciones al hombre que posea su propia casa. Esto reducirá en gran medida el costo de su vivienda y le dejará una porción mayor de sus ganancias para pagar ciertos placeres y cumplir sus deseos. Por todas estas razones, este es el quinto remedio para un saco magro: *Sé el dueño de tu casa.*

El sexto remedio
Asegura un ingreso a futuro

—La vida del hombre avanza de la infancia hacia su vejez. Este es el sendero de la existencia y ninguno puede desviarse de él a menos de que los dioses lo convoquen de forma prematura al mundo del más allá. Por lo tanto, les digo que: *A todo hombre le corresponde preparar un ingreso adecuado para los días por venir, cuando ya no sea joven, y hacer lo necesario para cuidar y proveerle a su familia cuando él ya no esté a su lado.* Esta enseñanza es para aprender a proveer un saco lleno cuando el tiempo ya no les permita ganar tanto —les dijo Arkad a sus alumnos en el sexto día.

»El hombre que, gracias a su entendimiento de las leyes de la riqueza, adquiera un ingreso adicional creciente, deberá pensar en los días futuros. Deberá planear ciertas inversiones o previsiones que duren muchos años de manera segura, pero que estén disponibles cuando llegue el momento que él anticipó con tanta sabiduría.

»Hay distintas maneras en las que el hombre puede proveer sin riesgos para su futuro. Quizás encuentre un lugar oculto y pueda enterrar ahí su tesoro, pero sin importar su habilidad para esconderlo, este siempre podría caer en manos de ladrones. Por eso no les recomiendo este plan.

»Un hombre puede comprar casas o tierras con el propósito de proveer para el futuro. Si elige con sabiduría, la utilidad y el valor futuros de dichos bienes serán permanentes, y las ganancias que produzcan o el fruto de su venta proveerá lo necesario para este propósito.

»Un hombre puede entregarle al prestamista una modesta cantidad de dinero e irla aumentando en períodos regulares. Los intereses que el prestamista añada se sumarán al incremento. Conozco a un fabricante de sandalias llamado Ansan, quien hace poco me explicó que durante ocho años le dio a su prestamista dos monedas de plata a la semana. El prestamista le había entregado recientemente las cuentas, y el fabricante de sandalias se sintió regocijado al verlas. La suma total de sus modestos depósitos, más los intereses a la tasa de costumbre de un cuarto de su valor cada cuatro años, era de 1040 monedas de plata.

»Con mucho gusto lo animé a continuar. Con mi conocimiento de las cifras le mostré que si mantenía la regularidad de estos depósitos de nada más dos piezas de plata a la semana, en doce años o más el prestamista le debería 4000 monedas: una valiosa suma para el resto de su vida.

»Es obvio que si un pago tan modesto hecho de manera regular produce resultados tan beneficiosos, *ningún hombre puede darse el lujo de no asegurar un tesoro para la vejez y la protección de su familia, sin importar cuán prósperos sean su negocio y sus inversiones.*

»Podría decir aun más acerca de este remedio. Sigo creyendo que un día, algunos hombres sabios crearán un plan para asegurarse contra la muerte. Muchos pagarían de manera regular una cantidad insignificante, cuya suma generaría una fortuna considerable para la familia de cada miembro que pasara al más allá. Es un plan que veo como algo deseable y muy recomendable, sin embargo, ahora no es posible hacerlo porque, para funcionar, tendría que durar más que la vida de cualquier hombre o que cualquier asociación. Presiento que algún día este plan sucederá y será una gran bendición para muchos, porque incluso un primer pago podría poner a disposición de la familia del miembro que fallezca una modesta fortuna.

»Pero como vivimos en el presente y no en los días que están por venir, debemos aprovechar los medios y maneras de lograr propósitos que tenemos a la mano.

»Por esto les recomiendo a todos los hombres que se sirvan de métodos sabios y bien meditados para procurarse lo necesario y evitar un saco magro en su vejez. Porque para un hombre que ya no es capaz de ganarse el pan o para una familia sin cabeza, tener un saco magro es una verdadera tragedia.

»Este es, por lo tanto, el sexto remedio para un saco magro. *Provee con anticipación para cubrir las necesidades de tu vejez y de tu familia.*

El séptimo remedio
Aumenta tu capacidad para obtener ingresos

—Alumnos míos, hoy les hablaré de uno de los remedios más esenciales para un saco magro. No obstante, esta vez no me referiré al oro, sino a ustedes mismos, a los estudiantes frente a mí vestidos con coloridas túnicas. Les hablaré de las cosas que aparecen en la mente o en la vida de los hombres, y que pueden favorecer o dificultar su éxito —así se dirigió Arkad a sus alumnos el séptimo día.

»Hace poco se acercó a mí un joven que solicitaba un préstamo. Cuando le pregunté para qué necesitaba el dinero, se quejó y me dijo que sus ganancias no eran suficientes para pagar sus gastos. Entonces le expliqué que, siendo esa su situación, él era mal cliente para cualquier prestamista porque no tenía la capacidad de ganar un excedente que le permitiera devolver el préstamo.

—Lo que necesitas, joven hombre —le dije—, es ganar más monedas. ¿Qué has hecho para aumentar tu capacidad de obtener más ingresos?

—Hago todo lo que puedo —respondió—. En menos de dos lunas me he acercado seis veces a mi amo para pedirle que incremente mi paga, pero no he tenido éxito. Ningún hombre puede solicitar un aumento con más frecuencia.

—Tal vez nos riamos ahora de su sencillez, pero aquel joven poseía uno de los requisitos esenciales para aumentar los ingresos: en su interior moraba el fuerte anhelo de ganar más. Un deseo apropiado y encomiable. *Antes del logro debe existir el deseo. Tus anhelos deben ser sólidos y definitivos. Los deseos generales son débiles.* Que un hombre desee ser rico no sirve de gran cosa. Que un hombre anhele tener cinco monedas de oro, en cambio, es un deseo tangible en el que puede insistir hasta verlo cumplido. Una vez que haya respaldado su deseo de poseer cinco monedas de oro con la fuerza del propósito, y una vez que lo haya cumplido, podrá, de manera similar, obtener diez monedas, luego veinte y, más adelante, mil. De pronto, miren: el hombre se ha vuelto rico. Al aprender a cumplir un deseo modesto, pero bien definido, el hombre se enseñó a sí mismo a garantizarse uno más ambicioso. Este es el proceso para la acumulación de la riqueza: primero se deben anhelar sumas modestas, y luego, a medida que el hombre se vuelva más capaz, podrá anhelar sumas más ambiciosas.

»Los deseos deben ser simples y bien definidos. Si son muchos, si son demasiado confusos o si van más allá de lo que el hombre ha aprendido a lograr, no podrán ser cumplidos.

»A medida que un hombre se perfecciona en su oficio, su capacidad para obtener ingresos aumenta. En los tiempos en que yo era un humilde escriba que punzaba la arcilla a cambio de unas cuantas monedas de cobre al día, noté que otros trabajaban más y recibían más monedas. Entonces decidí que no permitiría que nadie me superara, y no me tomó mucho tiempo descubrir la clave del gran éxito de mis compañeros de oficio. Puse más interés en mi trabajo, me concentré más en mis tareas, fui más persistente en mi esfuerzo y, de pronto, miren: pocos hombres podían punzar más tablillas al día que yo. Mi habilidad aumentó y la vi recompensada en un lapso razonable, no necesité visitar seis veces a mi amo para solicitar que reconociera mi labor.

»Mientras más sabiduría acumulemos, más ingresos tendremos. El hombre que trata de aprender más sobre su oficio será recompensado de manera abundante. Si es un artesano, podría aprender los métodos y conocer las herramientas de los artesanos más hábiles que él. Si trabaja con las leyes o se dedica a curar a otros, podría consultar a sus colegas e intercambiar conocimiento con ellos. Si se trata de un comerciante, podría buscar de manera incesante mejores productos a precios menores.

»Cuando los hombres perspicaces tratan de aumentar sus habilidades para servir de mejor manera a aquellos de quienes dependen sus ingresos, sus asuntos económicos cambian y mejoran. Por todo esto, y para que no se queden rezagados, los exhorto a todos a estar en la primera línea del progreso y a no quedarse quietos jamás.

»Hay muchas cosas que sirven para enriquecer con experiencias la vida del hombre. Todo aquel que se respete a sí mismo deberá hacerlas como lo explicaré a continuación:

»*El hombre debe pagar sus deudas con toda la prontitud que pueda, y no adquirir lo que no es capaz de pagar.*

SIETE REMEDIOS PARA UN SACO MAGRO

»*Debe dejar un testamento registrado para que, en caso de que los dioses lo convoquen, sus bienes puedan repartirse de manera correcta y honorable.*

»*Deberá ser compasivo con quienes hayan sido afectados y maltratados por la mala fortuna, y ayudarles dentro de los límites razonables. Deberá realizar actos bondadosos para beneficiar a sus seres queridos.*

»Así pues, el séptimo y último remedio para un saco magro es *cultivar tus propios poderes, estudiar y volverte más sabio, ser más hábil y actuar de la manera adecuada para respetarte a ti mismo.* Por todo esto, deberán tener confianza en ustedes para cumplir aquellos deseos que han meditado de manera minuciosa.

»Estos son los siete remedios para un saco magro que, después de la experiencia de una vida larga y exitosa, recomiendo a todos los hombres que deseen ser ricos.

»Alumnos míos, en Babilonia hay más oro del que puedan soñar. Hay abundancia para todos.

»Vayan pues a practicar estas verdades para que, como es todo su derecho, puedan prosperar y amasar fortuna.

»Vayan y transmitan estas verdades para que todo súbdito honorable de Su Majestad también pueda compartir sin límites la extensa riqueza de nuestra amada ciudad.

LA DIOSA DE LA
BUENA FORTUNA

Si un hombre es afortunado, no habrá manera
posible de predecir el alcance de su buena fortuna.
Si lo lanzas al Éufrates, lo más probable es que
salga de ahí nadando con una perla en la mano.

—PROVERBIO BABILONIO

El deseo de tener suerte es universal. Latía con la misma vehemencia en el pecho de los hombres que hace cuatro mil años vivieron en la antigua Babilonia, que en los corazones de los hombres de ahora. Todos tenemos la esperanza de que la caprichosa diosa de la buena fortuna nos favorezca. ¿Existe alguna forma en que podamos encontrarla y atraer, no solo su benéfica atención, sino también sus generosos favores?

¿Existe una manera de atraer a la buena suerte?

Eso era justamente lo que deseaban saber los hombres de la antigua Babilonia, y es lo que decidieron averiguar. Eran hombres astutos y pensadores profundos, lo cual explica que su ciudad se haya convertido en la más rica y poderosa de su tiempo.

En aquel pasado distante no había escuelas ni universidades, sin embargo, en Babilonia tenían un centro de aprendizaje muy pragmático. Entre los altos edificios de la ciudad se encontraba uno que competía en importancia con el palacio del rey, los Jardines Colgantes y los templos de los dioses. En los libros de historia no encontrarás mucha información al respecto, pero esta construcción ejerció una poderosa influencia en el pensamiento de la época.

Ese edificio era el Templo del Aprendizaje. Ahí, algunos maestros voluntarios explicaban la sabiduría del pasado, y se discutían temas de interés popular en foros abiertos. En su interior, todos los hombres podían reunirse como iguales. El más humilde de los esclavos podía debatir con impunidad las opiniones de un príncipe de la casa real.

Entre los muchos que frecuentaban el Templo del Aprendizaje se encontraba un hombre sabio y adinerado cuyo nombre era Arkad, mejor conocido como «el hombre más rico de Babilonia». Tenía una sala propia en la que casi todas las noches se reunía un numeroso grupo de estudiantes —algunos ancianos y otros muy jóvenes, pero principalmente los de edad mediana— para discutir y argumentar sobre temas interesantes. Supón que podemos escucharlos; así veremos si sabían cómo atraer la buena fortuna.

Cuando el sol acababa de ponerse como una gran bola roja de fuego brillando a través de la neblina que forma la arena del desierto, Arkad entró caminando a su sala habitual. Ahí lo esperaban ya cuatro hombres recostados en sus pequeñas alfombras extendidas sobre el suelo, pero otros más comenzaban a llegar.

—¿Qué tema discutiremos esta noche? —preguntó Arkad.

Tras un breve titubeo, un hombre alto, tejedor de telas, se dirigió a él poniéndose de pie como era la costumbre.

—Hay un tema que me gustaría que se discutiera, sin embargo, dudo en proponerlo porque me da temor que les pueda parecer ridículo a ti y a mis queridos amigos.

Arkad y los otros animaron al hombre a proponer el tema, así que continuó hablando.

—Hoy tuve suerte, encontré un saco con algunas monedas de oro. Mi mayor deseo es seguir teniendo buena fortuna, y como me parece que todos comparten este anhelo, sugiero que debatamos la manera de atraer la suerte.

—El que propones es un tema muy interesante y digno de discusión —comentó Arkad—. Para algunos hombres, la buena suerte es un suceso, una especie de accidente que le puede suceder sin propósito ni razón a alguien. Otros creen que la instigadora de la buena fortuna es nuestra generosa diosa Ashtar, quien siempre está ansiosa de recompensar con abundantes regalos a quienes la complazcan. Expresen su opinión, amigos míos. ¿Qué dicen? ¿Tratamos de averiguar si hay maneras de seducir a la buena suerte para que nos visite a todos?

—¡Sí! ¡Sí! ¡Y que nos visite con frecuencia! —respondieron los cada vez más numerosos asistentes a la discusión, y, por lo tanto, Arkad continuó.

—Para iniciar nuestra discusión escuchemos a aquellos que han disfrutado de experiencias similares a la del tejedor de tela, a quienes hayan encontrado o recibido valiosos tesoros o joyas sin ningún esfuerzo de su parte.

Hubo una pausa durante la que todos se miraron en espera de que alguien interviniera, pero nadie lo hizo.

—¿Qué sucede? ¿No hay nadie? —preguntó Arkad—. Entonces, en efecto, este tipo de buena suerte debe ser muy rara. ¿Quién sugiere alguna manera de continuar nuestra búsqueda?

—Yo lo haré —dijo un joven de túnica rica poniéndose de pie—. Cuando un hombre habla de suerte, ¿no resulta natural que sus pensamientos se desvíen hacia las mesas de juego? ¿No es ahí donde encontramos a muchos cortejando a la diosa con la esperanza de que los bendiga con copiosas ganancias?

En cuanto volvió a sentarse, una voz gritó:

—¡No te detengas! ¡Continúa con la historia! Dinos, ¿la diosa te favoreció en las mesas de juego? ¿Volteó el lado rojo de los dados hacia arriba para que pudieras llenar tu saco a costa del repartidor de cartas o permitió que los lados azules quedaran arriba para que este arrastrara hacia él tus monedas de plata ganadas con tanto esfuerzo?

El joven rio de buena gana con los otros.

—Debo admitir que ella parecía no darse cuenta siquiera de que yo estuviera ahí, pero ¿qué me dicen ustedes? ¿Cómo les fue? ¿La han encontrado en lugares así lanzando los dados a su favor? Estamos ansiosos de escuchar y de aprender.

—Un inicio sabio —interrumpió Arkad—. Aquí nos reunimos para analizar todos los ángulos de cada pregunta. Ignorar la mesa de juego implicaría soslayar un instinto común a todos los hombres: el amor a arriesgar una pequeña cantidad de plata con la esperanza de ganar una porción generosa de oro.

—Eso me recuerda las carreras de ayer —dijo otro de los participantes de la discusión—. Si la diosa frecuenta las mesas de juego, en verdad no soslaya las carreras en las que las cuadrigas cubiertas de oro y los caballos rabiosos ofrecen mucha más emoción. Dinos con honestidad, Arkad: ¿ayer te susurró al oído que les apostaras a los caballos grises de Nínive? Yo estaba de pie justo detrás de ti y no podía creer lo que escuchaba, que habías apostado por los grises. Sabes tan bien como cualquier otro que ningún equipo de Asiria puede vencer a nuestros amados alazanes en una carrera justa. ¿La diosa susurró en tu oído que les apostaras porque en la última vuelta el negro que corría por dentro tropezaría e interferiría con nuestros alazanes, y los grises ganarían la carrera y se apuntarían una victoria nunca recibida?

Arkad sonrió con indulgencia ante el parloteo.

—¿Qué razón tenemos para sentir que la buena diosa se interesaría tanto en la apuesta de un hombre en una carrera de caballos? Para mí, ella es la diosa del amor y la dignidad, una diosa que encuentra placer en ayudar a quienes necesitan algo y en recompensar a quienes lo merecen. Me agrada encontrarla, pero no en las mesas de juego ni en las carreras en las que los hombres pierden más oro del que ganan, sino en otros lugares en los que sus acciones son más valiosas y dignas de recompensa.

»Labrar la tierra, el comercio honesto: todas las ocupaciones del hombre ofrecen la oportunidad de obtener una ganancia a cambio de su esfuerzo y sus transacciones. Es posible que no todo el tiempo sea recompensado, porque a veces su juicio es imperfecto y, en otras ocasiones, el viento y el clima se oponen a su esfuerzo. No obstante, si el hombre persiste puede esperar obtener su ganancia. Esto se debe a que las oportunidades de siempre están a su favor.

»Pero cuando un hombre juega en las mesas, la situación se revierte porque las oportunidades de lucrar siempre están en contra de él y a favor de quien dirige el juego. El juego está arreglado para siempre favorecer al director, porque su negocio radica en planear la manera de lucrar y beneficiarse gracias a las monedas que apuestan los jugadores. Muy pocos se dan cuenta de lo seguras que son las ganancias del director del juego y lo inciertas que son sus oportunidades de ganar.

»Consideremos, por ejemplo, las apuestas en el dado. Cada vez que se lanza apostamos a qué lado quedará en la parte superior. Si es el lado rojo, el director del juego nos paga cuatro veces lo que apostamos, pero si cae en cualquiera de los otros cinco lados, perdemos la apuesta. Por lo tanto, las cifras muestran que por cada lanzamiento tenemos cinco oportunidades de perder. Y como el lado rojo paga cuatro a uno, tenemos cuatro oportunidades de ganar. En una noche de juego, el director puede esperar una ganancia de una quinta parte de todas las monedas apostadas. Si todas las probabilidades están arregladas para que pierda la quinta parte de todas sus apuestas, ¿puede un hombre esperar ganar de otra manera que no sea ocasional?

—Y, aun así, algunos hombres ganan grandes sumas de vez en cuando —comentó uno de los hombres que escuchaba.

—En efecto —continuó Arkad—. Al darnos cuenta de esto, me pregunto si el dinero que está asegurado de esta manera puede brindarles valor permanente a quienes son afortunados en este sentido. Entre mis conocidos se encuentran muchos de los hombres exitosos de Babilonia, pero entre todos ellos no puedo nombrar a uno solo que haya amasado su fortuna gracias a una fuente de este tipo.

»Quienes están reunidos aquí esta noche conocen a muchos más de nuestros valiosos ciudadanos. Me parecería muy interesante saber cuántos de nuestros hombres de éxito pueden afirmar que las mesas de juego fueron el inicio de sus fortunas. Supongamos que cada uno de ustedes menciona a los que conoce, ¿qué les parece?

Tras un prolongado silencio, un bromista se aventuró a decir:

—¿Tu pregunta incluye a los directores de juego?

—Si no se te ocurre nadie más, sí —respondió Arkad—. Si a ninguno se le ocurre un nombre, ¿qué tal si me hablan de ustedes mismos? ¿Tenemos entre nosotros a ganadores consistentes que estén dudando en recomendar este tipo de fuente de riqueza?

El desafío tuvo como respuesta una serie de gruñidos que se escucharon al fondo y que los otros recibieron entre risas.

—Me parece que no estamos buscando a la buena suerte en los lugares que la diosa frecuenta —continuó Arkad—, así que tal vez sea mejor explorar otras áreas. No la hemos hallado cuando se encuentran carteras perdidas ni al frecuentar las mesas de juego. En cuanto a las carreras, debo confesar que he perdido muchas más monedas de las que he ganado.

»Ahora consideremos nuestros oficios y negocios. Si realizamos una transacción fructuosa, ¿no sería más natural pensar que es una recompensa a nuestros esfuerzos en lugar de considerarla buena suerte? Me inclino a pensar que podríamos estar ignorando los dones de la diosa; quizás a veces nos asiste y nosotros no apreciamos su generosidad. ¿Quién podría continuar discutiendo este punto?

Enseguida un anciano se puso de pie alisando su elegante túnica blanca. Era un comerciante.

—Con su permiso, honorable Arkad y amigos míos, les ofrezco una sugerencia. Si como han dicho, le atribuimos el crédito a nuestro ahínco y habilidad para tener éxito en los negocios, ¿por qué no ver los éxitos que casi llegamos a disfrutar, pero nos eludieron, como sucesos que habrían sido muy rentables? De haber sucedido, habrían sido ejemplos raros de buena suerte, pero como no llegaron a completarse, no podemos considerarlos recompensas justas. Estoy seguro de que muchos de los hombres que se encuentran aquí tienen experiencias similares que compartir.

—Es una manera sabia de ver la situación —dijo Arkad asintiendo—. ¿Alguno de ustedes ha tenido la buena fortuna al alcance de la mano, pero luego la ha visto escapársele?

Muchos levantaron la mano, incluyendo el comerciante. Arkad le indicó con una seña que hablara.

—Como usted sugirió abordar esta situación, nos gustaría que fuera el primero en hablar.

—Con gusto les contaré una anécdota que ilustra lo mucho que puede acercarse a un hombre la buena fortuna, y la manera tan ciega en la que este puede permitirle escapar, a pesar de que eso le cause una gran pérdida y arrepentimiento subsecuente —dijo el hombre.

»Hace muchos años, cuando era joven, estaba recién casado y empezaba a ganar un salario, mi padre vino a mí y me instó con vehemencia a participar en una inversión. El hijo de uno de sus buenos amigos había notado un tramo estéril de tierra no más allá de los muros exteriores de nuestra ciudad. El terreno se encontraba sobre un canal, pero la zona era tan elevada que no le llegaba agua de ningún lado.

»El hijo del socio y amigo de mi padre desarrolló un plan para adquirir esta tierra y construir tres grandes molinos impulsados por bueyes que hicieran llegar las aguas capaces de generar vida hasta donde se encontraba el suelo fértil. Una vez realizada esta labor, planeaba dividir el terreno en pequeñas franjas y vendérselas a los residentes de la ciudad para que tuvieran un área dónde cultivar hierbas.

»El hijo del amigo de mi padre no poseía suficiente oro para llevar a cabo un proyecto de esa envergadura porque, al igual que yo, era un joven que ganaba solo lo justo, y su padre, como el mío, era un hombre con una familia numerosa y recursos limitados. Por esta razón, decidió convencer a un grupo de hombres de que se embarcaran en esta empresa junto con él. Sería un grupo de doce integrantes que debían, como condición, tener empleo y un salario, y estar de acuerdo en aportarle al proyecto la décima parte de sus ganancias hasta que la tierra estuviera lista para venderse. Luego de eso, todos compartirían de manera equitativa las ganancias de acuerdo con la inversión que hubieran hecho.

—Hijo mío —me dijo mi padre—, ahora te encuentras en tu juventud. Tengo el profundo deseo de que empieces a formar un patrimonio valioso que te permita volverte un hombre respetable entre los otros. Deseo que te beneficies del conocimiento que a tu padre le proveyeron sus torpes errores.

—Es lo que deseo con fervor, padre mío —le contesté.

—En ese caso, te recomiendo lo siguiente: haz lo que yo debí hacer a tu edad. Toma la décima parte de todas tus ganancias y dedícala a inversiones favorables. Con esta décima parte y el fruto que te proveerá, podrás acumular una valiosa fortuna para ti mismo antes de llegar a mi edad.

—Tus palabras son perlas de sabiduría, padre mío. Deseo con fervor tener riquezas, pero debo usar mis ganancias en distintos rubros que me lo exigen. Por ello dudo en hacer lo que me aconsejas. Soy joven y aún me queda mucho tiempo.

—Es lo que yo pensaba a tu edad y, sin embargo, mira ahora: han pasado muchos años y ni siquiera he empezado.

—Vivimos en una época diferente, padre mío. Créeme que evitaré cometer los mismos errores que tú.

—La posibilidad se abre ante ti, hijo. Te está ofreciendo una oportunidad que podría llevarte a la riqueza. Te suplico que no esperes. Mañana visita al hijo de mi amigo y ponte de acuerdo con él para entregarle la décima parte de tus ganancias para esta inversión. Ve cuanto antes, temprano. Las oportunidades no esperan a los hombres. Hoy está aquí, pero desaparecerá pronto. ¡No tardes!

Yo continué dudando a pesar del consejo de mi padre. Los comerciantes del este acababan de traer nuevas túnicas, vestimentas tan finas y hermosas que mi fiel esposa y yo sentimos que deberíamos poseer una cada uno. ¿Debería estar de acuerdo en consagrar la décima parte de mis ganancias a esa inversión y privarnos de estos y otros placeres que anhelábamos? Me tardé en tomar la decisión hasta que fue demasiado tarde, y después me arrepentí mucho. El proyecto resultó ser más fructífero de lo que cualquier hombre habría podido predecir. Esta es mi historia. Es la prueba de que permití que la buena fortuna se me escapara de las manos.

—En esta historia vemos cómo *la buena suerte le llega al hombre que acepta la oportunidad* —comentó un hombre moreno del desierto—. La construcción de una fortuna siempre debe tener un inicio. Este puede ser algunas monedas de oro o plata que el hombre separe de sus ganancias para invertir por vez primera. Yo soy dueño de muchos rebaños. Comencé a formarlos cuando era apenas un muchacho y compré un ternero con una moneda de plata. Ese animal tuvo una gran importancia para mí porque fue el comienzo de mi riqueza.

»Dar el primer paso para amasar una fortuna equivale a cualquier tipo de buena suerte que le pueda llegar a un hombre. Es un momento esencial porque para todos representa el paso de ser un hombre que se gana el pan con su propio sudor, a uno que recibe dividendos de lo que produce su oro. Por suerte, algunos comienzan desde jóvenes y, por lo tanto, aventajan a quienes empiezan más tarde o a aquellos desventurados como el padre de este comerciante que nunca dio el primer paso.

»Si nuestro amigo el comerciante hubiera dado este paso cuando era joven y la oportunidad se presentó a su puerta, ahora sería bendecido con muchos más de los bienes del mundo. Si la buena suerte de nuestro amigo el tejedor le hiciera dar este paso en este momento, sería, en efecto, el inicio de una fortuna más abundante.

—¡Gracias! Yo también quisiera hablar de mi experiencia —dijo poniéndose de pie un hombre de otra tierra—. Soy sirio y no hablo su lengua con facilidad. Me gustaría llamarle de alguna forma a nuestro amigo el comerciante, sin embargo, no conozco la palabra correcta en la lengua que ustedes hablan. Si lo digo en sirio, no la entenderán, así que, ¿podrían, buenos hombres, decirme la palabra correcta para llamarle a alguien que pospone hacer aquello que sería beneficioso para él mismo?

—Procrastinador —dijo alguien.

—Eso es —exclamó el sirio agitando las manos, emocionado—: no acepta las oportunidades cuando estas llegan. Espera. Dice que tiene demasiados negocios que atender. Hasta luego, más tarde hablaré contigo. La oportunidad no espera a hombres así porque piensa que si alguno desea tener suerte actuará con prontitud. Cualquier hombre que no actúe rápido al ver la oportunidad llegar, es un gran procrastinador como nuestro amigo el comerciante.

El comerciante se puso de pie e hizo una bondadosa reverencia como respuesta a las risas de los otros.

—Mi admiración para ti, extranjero en nuestra tierra que no dudas en hablar con la verdad.

—Ahora escuchemos otra historia de oportunidad. ¿Quién tiene otra experiencia que contarnos? —preguntó Arkad.

—Yo —exclamó un hombre de edad mediana que vestía una túnica carmesí—. Soy comprador de animales. Principalmente adquiero camellos y caballos, pero a veces también ovejas y cabras. La historia que estoy a punto de relatarles les mostrará con claridad cómo tocó la oportunidad a mi puerta una noche, cuando menos me lo esperaba. Tal vez por eso permití que se escapara, pero ustedes serán los jueces.

»Al regresar una tarde tras un desalentador viaje de diez días en que estuve buscando camellos, la ira se apoderó de mí en cuanto vi que las puertas de la ciudad estaban cerradas y no era posible traspasarlas. Mientras mis esclavos extendían nuestra tienda para pasar una noche con poca comida y nada de agua, se acercó a mí un campesino anciano que, al igual que nosotros, se quedó afuera.

—Honorable señor —me dijo—, por su apariencia creo que es usted un comprador. Si ese es el caso, me gustaría venderle este excelente rebaño de ovejas que acaba de llegar. Mi esposa está enferma y tiene mucha fiebre, debo volver a ella con prontitud. Compre mis ovejas para que mis esclavos y yo podamos montar sus camellos y volver a casa sin más demora.

Estaba tan oscuro que yo no podía ver el rebaño, pero por los balidos inferí que era numeroso. Como había desperdiciado diez días buscando camellos que no encontré, me dio gusto negociar con él. Estaba tan ansioso que me ofreció un precio sumamente razonable y yo acepté sabiendo que mis esclavos podrían meter al rebaño por las puertas de la ciudad en la mañana, y que podría vender las ovejas con una ganancia sustancial.

La negociación concluyó, llamé a mis esclavos y les dije que trajeran antorchas para que pudiéramos contar las ovejas que, según el campesino, eran novecientas. Amigos míos, no los abrumaré contándoles la dificultad que tuvimos al tratar de contar tantas bestias sedientas, cansadas y apiñadas. Fue una tarea imposible. Por esta razón, le informé al campesino en un tono hosco que las contaría al día siguiente cuando hubiera luz, y que entonces le pagaría.

—Por favor, honorable señor —me suplicó—, págueme solo dos tercios del precio esta noche para que pueda ir a ver a mi esposa. Dejaré aquí a mi esclavo más inteligente y educado para que le ayude a contar en la mañana. Es un hombre confiable, le puede pagar el resto a él.

Pero fui necio y me negué a hacer el pago esa noche. A la mañana siguiente, antes de que yo despertara, las puertas de la ciudad abrieron y cuatro compradores salieron presurosos en busca de rebaños. Estaban ansiosos y dispuestos a pagar precios elevados porque la ciudad se veía amenazada con ser sitiada y había carencia de alimentos. El campesino recibió casi el triple del precio por el que me ofreció el rebaño la noche anterior. Así fue como dejé escapar una buena fortuna.

—Es una historia muy singular —comentó Arkad—. ¿Qué sabiduría creen que nos ofrece?

—Esta anécdota nos indica que cuando estamos convencidos de que la negociación y el precio son correctos, debemos realizar el pago de inmediato —sugirió un venerable fabricante de sillas para montar—. Si el acuerdo es beneficioso, debes protegerte de tus propias debilidades, así como de cualquier otro hombre. Los mortales somos mutables y me atrevo a decir que somos más susceptibles de cambiar de opinión cuando estamos en lo correcto que cuando nos equivocamos. Si algo está mal, somos muy necios. Si algo es correcto y justo, tendemos a vacilar y a permitir que la oportunidad se esfume. Mi primer juicio es el mejor, pero siempre me ha costado trabajo obligarme a concretar una transacción después de haber obtenido un buen trato. Por esta razón, para protegerme de mi propia debilidad, suelo hacer un depósito inmediato. Esto me evita el arrepentimiento subsecuente que podría tener al ver que la buena fortuna destinada a mí se le entrega a otro.

—¡Gracias! Me gustaría hablar —dijo el sirio, volviéndose a poner de pie—. Estas historias son muy similares. En ambas ocasiones la oportunidad se desvaneció por la misma razón. En ambas ocasiones la fortuna tocó a la puerta del procrastinador y le ofreció un buen trato. En ambas ocasiones los hombres dudaron en lugar de darse cuenta de que era el mejor momento para actuar y que debían hacerlo con prontitud. ¿Cómo pueden tener éxito de esta manera?

—Tus palabras son sabias, amigo mío —respondió el comprador de animales—. La buena fortuna huyó del procrastinador en ambos relatos, sin embargo, no es algo poco común. El espíritu de la postergación habita en todos los hombres. Deseamos riqueza, pero cada vez que la oportunidad se muestra ante nosotros, el espíritu de la postergación nos insta a demorar la aceptación. Cada vez que lo escuchamos nos convertimos en nuestro peor enemigo.

»Cuando yo era joven no sabía que a este espíritu se le podía nombrar con la larga palabra que tanto le agrada a nuestro amigo de Siria. Al principio pensaba que lo que me hacía perder tantos tratos fructíferos era mi pobre juicio, pero más adelante se lo atribuí a mi terquedad. Por último, reconocí lo que en verdad era: un hábito que nos lleva a retrasar todo de forma innecesaria cuando lo que se requiere es una acción inmediata y decisiva. ¡Cómo odié el momento en que se reveló el verdadero carácter de esta debilidad! Pero más adelante, con la amargura de un asno salvaje enganchado a un carro, me liberé de este enemigo y logré triunfar.

—¡Gracias! Me gustaría hacerle una pregunta al mercader —dijo el sirio—. Usted porta una túnica fina, no parece la de un hombre pobre. También habla como alguien que ha triunfado. Díganos, ¿actualmente escucha cuando el espíritu de la procrastinación le susurra al oído?

—Al igual que nuestro amigo el comprador de animales, yo también tuve que reconocer a la procrastinación y vencerla —respondió el mercader—. Para mí también fue un enemigo que siempre estaba al acecho, esperando impedir mis logros. La anécdota que relaté es solo una de las muchas ocasiones similares en las que frustró mis oportunidades, y sobre las que les podría hablar. Sin embargo, una vez que se le comprende, no es difícil vencerla. Ningún hombre permite por propia voluntad que el ladrón le robe el grano de sus silos. Ningún hombre permite por propia voluntad que su rival le robe sus clientes y sus ganancias. Cuando descubrí que mi enemigo estaba cometiendo este tipo de actos, lo vencí con decisión. Todo hombre debe dominar a su propio espíritu de la procrastinación antes de aspirar a poseer una parte de los abundantes tesoros de Babilonia.

—¿Qué dices tú, Arkad? Como eres el hombre más rico de Babilonia, muchos te consideran también el más afortunado. ¿Estás de acuerdo conmigo en que nadie puede alcanzar el éxito absoluto hasta que no haya destruido por completo al espíritu de la procrastinación que en él habita?

—Es justo como lo dices —reconoció Arkad ante el mercader—. A lo largo de mi vida he visto a una generación tras otra marchando por los amplios caminos del comercio, la ciencia y el aprendizaje que llevan al éxito en la vida. Las oportunidades les llegaron a todos. Algunos asieron las que les correspondían y avanzaron con paso constante hacia la satisfacción de sus deseos más profundos, pero la mayoría dudó, flaqueó y se quedó rezagada —explicó Arkad volteando a mirar al tejedor—. Usted sugirió que debatiéramos sobre la buena suerte. Ahora escuchemos lo que piensa al respecto.

—Yo veo la buena suerte desde una perspectiva distinta. Anteriormente la consideraba algo muy deseable que podría sucederle a cualquier hombre sin que este tuviera que esforzarse. Ahora me doy cuenta de que uno no puede atraer a sí mismo este tipo de sucesos. Gracias a nuestra discusión aprendí que *para atraer a la buena suerte es necesario aprovechar las oportunidades.* Por lo tanto, en el futuro me empeñaré en sacar el mayor provecho cuando estas vengan a mí.

—Ha comprendido bien las verdades que surgieron en nuestro debate —dijo Arkad—. Nos hemos dado cuenta de que la buena suerte suele llegar con la oportunidad y, rara vez, aparece de otras maneras. De haber aceptado lo que la sabia diosa le ofreció, nuestro amigo el mercader habría encontrado a la buena fortuna. Y de la misma manera, nuestro amigo el comprador habría disfrutado de la buena suerte si hubiera cerrado la venta del rebaño, lo hubiera vendido y con ello ganado una cuantiosa suma.

»Continuamos esta discusión para encontrar la manera en que podríamos atraer a la buena suerte a nosotros, y me parece que la hallamos. Ambas historias ilustran la manera en que la suerte viene detrás de la oportunidad, y en esto hay una verdad que muchos relatos de buena fortuna, ganada o perdida, no podrían cambiar. La verdad es esta: *Aceptar las oportunidades permite atraer a la buena suerte.*

»Quienes están ansiosos por atrapar las oportunidades que les permitirán ser mejores, atraen el interés de la sabia diosa porque ella siempre desea ayudar a quienes la complacen, y los hombres de acción son quienes mejor lo hacen. La acción te impulsará hacia los éxitos que deseas.

> **LA DIOSA DE LA BUENA FORTUNA**
> **FAVORECE A LOS HOMBRES QUE ACTÚAN**

LAS CINCO
LEYES DEL ORO

—Si tuvieran la opción, ¿qué elegirían? ¿Un saco lleno de oro o una tablilla de arcilla con palabras sabias escritas en ella?

Frente a la parpadeante luz del fuego de los arbustos del desierto, el interés hizo resplandecer los rostros bronceados de los asistentes.

—El oro, el oro —corearon los veintisiete mientras el viejo Kalabab sonreía con aire sabio.

—¡Atención! —dijo levantando la mano—. Escuchen a los perros salvajes en la oscuridad. Aúllan y gimen porque tienen hambre, pero si se les alimenta, ¿qué hacen? Pelean y se pavonean. Luego vuelven a enfrentarse y a pavonear un poco más sin pensar en el mañana que siempre vendrá.

»Lo mismo sucede con los hijos de los hombres. Si les dan a elegir entre oro y sabiduría, ¿qué hacen? Ignoran la sabiduría y derrochan el oro, y mañana gemirán porque ya no lo poseen.

»El oro es para quienes conocen sus leyes y las obedecen.

Kalabab se cubrió bien las piernas con la túnica blanca cuando sintió soplar el viento fresco.

—Porque me han servido con lealtad en este largo viaje, porque han cuidado bien de mis camellos, porque han trabajado con ahínco y sin quejarse en las candentes arenas del desierto, y porque lucharon valerosamente contra los ladrones que intentaron despojarme de mis mercancías, esta noche les contaré una historia fuera de lo común: la historia de las Cinco Leyes del Oro.

»Escuchen con mucha atención mis palabras porque, si logran comprender su significado y acatarlas, en los días por venir tendrán oro en gran cantidad —dijo Kalabab antes de hacer una pausa que impresionó a todos.

Sobre los hombres, en el gran dosel azul que formaba la bóveda celeste, las estrellas brillaban e iluminaban los transparentes cielos de Babilonia. Detrás del grupo se veían las descoloridas tiendas adosadas con firmeza para enfrentar las posibles tormentas del desierto. Junto a ellas había montículos de mercancías apiladas y cubiertas con pieles. Cerca de ahí estaban también los camellos tumbados en la arena: algunos rumiaban satisfechos y otros roncaban en discordancia.

—Nos has contado muchas historias interesantes, Kalabab —dijo el jefe del clan—. Contamos con que tu sabiduría nos continúe guiando en el futuro, cuando ya no estemos a tu servicio.

—Hasta ahora solo les he relatado mis aventuras en tierras extrañas y distantes, pero esta noche les hablaré de la sabiduría de Arkad, el sabio hombre rico.

—Hemos escuchado mucho sobre él —reconoció el jefe del clan—. Fue el hombre más rico de Babilonia.

—Fue, en efecto, el hombre más rico. Su sabiduría sobre las maneras de obtener y manejar el oro era superior a la de cualquier otro. Esta noche les contaré lo que sé sobre su conocimiento, y lo haré de acuerdo con la manera en que lo aprendí de Nomasir, su hijo, hace muchos años en Nínive, cuando yo era aún un muchacho.

»Una noche, mi amo y yo permanecimos hasta muy tarde en el palacio de Nomasir. Ese día ayudé a mi amo a transportar grandes fardos de alfombras finas para que Nomasir revisara cada una y eligiera los colores que más le agradaran. Cuando por fin se sintió complacido nos ordenó sentarnos con él para beber un peculiar vino añejo de penetrante aroma que produjo una agradable tibieza en mi estómago, no acostumbrado a bebidas de ese tipo.

»Entonces nos contó esta historia sobre la gran sabiduría de Arkad, su padre, de la misma manera que ahora yo se las narraré a ustedes.

»Como ya saben, en Babilonia se acostumbra a que los hijos de familias adineradas vivan con sus padres mientras esperan heredar su riqueza. Arkad, sin embargo, no estaba de acuerdo con esta costumbre y, por eso, cuando Nomasir se volvió hombre, lo mandó a llamar para hablar con él.

»"Hijo mío, es mi deseo que heredes mi fortuna. No obstante, antes debes probar que eres capaz de administrarla con sabiduría. Por eso quiero que salgas al mundo y muestres tu habilidad para adquirir oro y convertirte en una persona respetada entre los hombres. Para que tengas un buen inicio te daré dos cosas que yo no tuve cuando fui joven y empecé a amasar mi fortuna.

»"En primer lugar te daré este saco con oro. Si lo usas de manera sabia será la base de tu éxito en el futuro.

»"En segundo lugar te daré esta tablilla de arcilla en la que están escritas Las Cinco Leyes del Oro. Si logras interpretarlas y aplicarlas en tus propias acciones, te darán habilidad y seguridad.

»"Dentro de diez años volverás al hogar de tu padre y harás el recuento de lo que hayas logrado. Si demuestras que lo mereces, te nombraré heredero de mi riqueza. Si no, se la daré a los sacerdotes para que negocien con los dioses y obtengan para mi alma un trato benévolo".

Entonces Nomasir salió al mundo a trazar su propio camino. Tomó el saco lleno de oro, la tablilla de arcilla cuidadosamente envuelta en seda, un esclavo y los caballos en que cabalgarían.

Diez años pasaron y, según lo acordado, Nomasir volvió a la casa de su padre. Arkad ofreció una gran fiesta en su honor a la que invitó a muchos amigos y parientes. Cuando la celebración llegó a su fin, el padre y la madre se acomodaron en sus tronos al lado del gran salón, y, como se lo había prometido a su progenitor, Nomasir se puso de pie ante ellos para hacer el recuento de lo que había logrado.

Era de noche y el gran salón se veía nublado por el humo de las lámparas de aceite que iluminaban tenuemente el lugar. Los esclavos con sus túnicas y camisas blancas tejidas abanicaban a un mismo ritmo el aire húmedo con largas hojas de palma. La escena proporcionaba una majestuosa dignidad. La esposa de Nomasir y sus dos hijos más pequeños estaban sentados detrás de él junto a amigos y otros miembros de la familia ansiosos por escuchar.

—Padre mío —dijo dirigiéndose a su progenitor con deferencia—, me inclino ante tu sabiduría. Hace diez años, cuando llegué al umbral de la edad adulta, me exigiste salir al mundo y convertirme en hombre entre los hombres en lugar de permanecer aquí y ser solo vasallo de tu fortuna.

»Compartiste con benevolencia tu oro conmigo. También me ofreciste tu abundante sabiduría. ¡Qué vergüenza! Debo admitir que administré el oro de forma desastrosa. De la misma forma en que la liebre salvaje escapa a la primera oportunidad del infante que la captura, el oro huyó de mis manos sin experiencia.

El padre sonrió con indulgencia.

—Continúa, hijo mío, me interesan todos los detalles de tu relato.

—Decidí ir a Nínive porque era una ciudad en crecimiento y creí que ahí encontraría oportunidades. Me uní a una caravana y en ella hice muchos amigos. Entre ellos había dos hombres de buen decir que poseían un hermoso caballo blanco tan veloz como el viento.

»Durante nuestro viaje me dijeron en secreto que en Nínive vivía un hombre rico que poseía un caballo tan rápido que jamás había sido vencido. El hombre creía que ninguna bestia podía correr con más velocidad que su caballo, y por eso apostaba sumas inmensas a que ningún otro en Babilonia podría vencerlo. Mis nuevos amigos me dijeron que, en comparación con el de ellos, el caballo del hombre era un asno dormilón que podría ser vencido sin problema.

»Como un gran favor, ofrecieron permitirme unirme a ellos en la apuesta, lo cual me emocionó mucho.

»No obstante, la bestia del hombre venció a nuestro caballo por mucho, y yo perdí mi oro —dijo Nomasir mientras su padre reía—. Después descubrí que se trataba de un embuste y que aquellos hombres viajaban de manera constante en caravanas para buscar víctimas. Como podrá imaginar, padre, el hombre de Nínive era su socio y compartía con ellos el oro de las apuestas que ganaba. Este astuto engaño me enseñó la primera lección sobre estar atento.

»Poco después aprendería otra lección igual de amarga. En la caravana había un joven de quien me hice muy amigo. Era hijo de una familia rica y, como yo, viajaba a Nínive para encontrar un lugar adecuado para vivir. Poco después de nuestra llegada me dijo que un mercader había muerto y que sería posible adquirir su tienda, sus abundantes mercancías y su clientela por un precio insignificante. Me dijo que podríamos ser socios a partes iguales, pero, como él tenía que volver a Babilonia por su oro, insistió en que yo comprara todo con el mío. Cuando regresara usaríamos lo que el trajera para continuar con la empresa.

»El joven retrasó su viaje a Babilonia y, mientras estuvo en Nínive, mostró ser un comprador descuidado y un torpe despilfarrador. Por fin logré separarme de él, pero para ese momento el negocio se había deteriorado tanto que solo teníamos mercancía invendible y ya no nos quedaba oro para comprar otros productos. Entonces sacrifiqué lo que quedaba y se lo vendí a un israelita por una suma vergonzosa.

»Después de eso, padre mío, debo decirte que vinieron días amargos. Busqué empleo, pero no encontré porque no tenía un oficio ni conocimiento que me permitiera ganarme el pan. Vendí mis caballos. Vendí a mi esclavo. Vendí las túnicas que me sobraban para poder tener alimento y un lugar para dormir, pero cada día la carencia y la pobreza se acercaban más.

»No obstante, en esos días amargos recordé la confianza que tenías en mí, padre mío. Me enviaste al mundo para convertirme en hombre y yo estaba decidido a cumplirte —dijo el joven, mientras su madre ocultaba el rostro y lloraba discretamente.

»En ese momento pensé en la tablilla que me habías dado, en la que estaban escritas Las Cinco Leyes del Oro. Leí con todo cuidado tus sabias palabras y me di cuenta de que, si antes que nada hubiera buscado sabiduría, no habría perdido mi oro. Aprendí de memoria cada una de las leyes y decidí que cuando la diosa de la buena fortuna volviera a sonreírme, me dejaría guiar por la sabiduría de la edad y no por la inexperiencia de la juventud.

»Para beneficio de todos ustedes que nos acompañan esta noche, leeré la sabiduría de mi padre grabada en la tablilla de arcilla que me entregó hace diez años.

Las Cinco Leyes del Oro

1. El oro le llega con gusto y en una cantidad cada vez mayor a todo hombre que reserva no menos de la décima parte de sus ganancias para formar un legado para su futuro y el de su familia.

2. El oro trabaja con diligencia y alegría para el sabio propietario que le encuentra un uso rentable, y se multiplica como los rebaños del campo.

3. El oro se aferra a la protección del precavido propietario que lo administra y lo invierte siguiendo el consejo de hombres sabios.

4. El oro escapa del hombre que lo invierte en negocios o propósitos con los que no está familiarizado o que no aprueban quienes son hábiles para administrar.

5. El oro huye del hombre que lo fuerza a generar ganancias imposibles, que sigue los seductores consejos de embaucadores y embusteros, o que confía en su propia falta de experiencia y sus románticos anhelos al invertir.

»Estas son Las Cinco Leyes del Oro que escribió mi padre, y hoy les digo que, como lo demostraré en la siguiente parte de mi relato, tienen un valor mayor que el oro mismo.

El hijo volvió a mirar a su progenitor.

—Padre, te he hablado de la profunda pobreza y de la desesperación que me produjo mi falta de experiencia.

»Sin embargo, ninguna cadena de desastres es infinita. El fin de la mía llegó cuando obtuve un empleo supervisando a un grupo de esclavos que trabajaban en el nuevo muro exterior de la ciudad.

»Aproveché mi conocimiento de la Primera Ley del Oro y ahorré una moneda de cobre de mis primeras ganancias. Luego, cada vez que pude, añadí más monedas hasta que logré tener una de plata. Fue un procedimiento difícil porque uno tiene que subsistir. Y debo admitir que gastaba de mala gana porque estaba decidido a poseer, en menos de diez años, una cantidad de oro igual a la que me diste, padre.

»Un día, el amo de los esclavos, de quien me había vuelto buen amigo, me dijo: —Eres un joven ahorrador y no gastas sin razón lo que ganas. ¿Tienes oro guardado que no esté haciéndote ganar más?

—Sí —contesté—. Mi mayor deseo es acumular oro para remplazar todo lo que me dio mi padre y perdí.

—Admito que tu ambición es noble, ¿pero sabes que lo que tienes ahorrado puede trabajar para ti y hacerte ganar mucho más oro?

—¡Espera! Mi experiencia ha sido amarga: el oro que me dio mi padre huyó de mí y tengo miedo de permitir que eso vuelva a suceder —exclamé.

—Si confías en mí, te daré una lección sobre cómo administrar el oro para hacerlo fructificar —me dijo—. Dentro de un año el muro exterior de la ciudad estará terminado y listo para las grandes puertas de bronce que se colocarán en cada entrada para proteger la ciudad de los enemigos del rey. En Nínive no hay suficiente metal para construir estas puertas y el rey no ha pensado en una manera de proveerlo. Este es mi plan: varios hombres y yo juntaremos nuestro dinero y enviaremos una caravana a las minas de cobre y estaño que se encuentran lejos de aquí, y esta caravana traerá a Nínive el metal para las puertas. Cuando el rey ordene construir las grandes puertas, nosotros seremos los únicos que podrán suministrar el metal, y él tendrá que pagarnos de manera generosa. Si no nos compra a nosotros, de todas formas, tendremos el metal y podremos vendérselo a alguien más a un precio justo.

»Reconocí en esta oferta una oportunidad para obedecer la Tercera Ley del Oro e invertir bajo la guía de hombres sabios. Y no fui decepcionado. Nuestro plan de reunir dinero y comprar metal fue un éxito, y gracias a esa transacción mi modesta reserva aumentó en gran medida.

»Tiempo después, el mismo grupo me aceptó y me permitió participar en otros proyectos. Eran hombres sabios que sabían cómo manejar el oro para hacerlo fructificar. Antes de involucrarse en cualquier plan, lo discutían con mucho cuidado. No se arriesgaban a perder el capital ni a comprometerlo en inversiones improductivas que no les permitieran recuperar su oro. Estos hombres no habrían considerado siquiera las cosas tontas que hice antes, como participar en la apuesta de los caballos y en la sociedad de comercio en la que me involucré por mi falta de experiencia. Su sabiduría les habría permitido ver de inmediato las fallas de dichos proyectos.

»Gracias a que me relacioné con ellos aprendí a invertir el oro de manera segura y a obtener ganancias. A medida que pasaron los años aumentó mi tesoro cada vez más rápido. No solo volví a tener la suma que había perdido, también pude ganar mucho más.

»A través de mis desventuras, mis dificultades y mis éxitos, padre mío, he podido poner a prueba una y otra vez la sabiduría de Las Cinco Leyes del Oro, y he constatado que son ciertas en cada ocasión. A quien no conoce estas leyes, el oro no le llega con frecuencia y, de hecho, lo abandona con premura. A quien se rige por ellas, en cambio, el oro se le acerca y trabaja como un esclavo fiel.

Nomasir dejó de hablar y le hizo una seña a un esclavo que se encontraba al fondo del gran salón. El esclavo trajo, uno por uno, tres voluminosos sacos de piel. Nomasir tomó uno de ellos y lo colocó en el suelo frente a su padre, a quien se volvió a dirigir.

—Padre, tú me diste un saco de oro de Babilonia. En lugar de eso, ahora ves ante ti un saco de igual peso de oro de Nínive. Estamos de acuerdo en que es un trueque justo.

»Me diste una tablilla de arcilla con sabiduría escrita en ella. Ahora tienes ante ti dos sacos llenos de oro que te devuelvo —dijo el hijo, y en ese momento tomó los otros dos sacos que había traído el esclavo y los colocó en el suelo frente a su progenitor.

»Esto es lo que te entrego, padre, para probarte cuánto más valiosa considero tu sabiduría que tu oro. Y, sin embargo, ¿quién puede medir con sacos llenos de monedas el valor de la sabiduría? Sin ella, quienes poseen oro lo pierden pronto, y con ella, quienes no lo poseen pueden llegar a tenerlo, como bien lo prueban estos tres sacos.

»Padre, estar frente a ti y decir que gracias a tu sabiduría he podido volverme un hombre rico y respetado por los otros, me causa una profunda satisfacción.

El padre colocó su mano cariñosa sobre la cabeza de Nomasir.

—Aprendiste bien tus lecciones. Me siento afortunado de tener un hijo a quien confiarle mi riqueza —dijo.

Kalabab terminó su historia y miró con gravedad a los hombres que lo escuchaban.

—¿Qué creen que quiera decir esta historia de Nomasir? —preguntó.

»¿Quién de entre ustedes puede ir a ver a su padre o al padre de su esposa y entregarle cuentas que prueben un sabio manejo de sus ganancias?

»¿Qué dirían estos venerables hombres si ustedes confesaran: "He viajado mucho, aprendido y trabajado y ganado en gran cantidad y, sin embargo, tengo poco oro. Una parte la gasté con sabiduría, otra la gasté tontamente, y el resto lo perdí por malas decisiones".

»¿Aún creen que el hecho de que algunos hombres posean mucho oro y otros no tengan nada sea prueba de una inconsistencia del destino? En ese caso, se equivocan.

»Los hombres pueden poseer mucho oro si conocen sus cinco leyes y las obedecen.

»Gracias a que siendo joven aprendí estas leyes y me apegué a ellas, pude convertirme en un mercader acaudalado. La riqueza que poseo no es producto de una magia extraña.

»La riqueza que llega rápido se desvanece de la misma manera.

»La riqueza que permanece y provee gozo y satisfacción a su dueño llega de forma gradual, porque es como un niño nacido del conocimiento y de la perseverancia.

»Obtener riqueza es solo una carga ligera para el hombre reflexivo, pero sostener esta carga de manera consistente año tras año es lo que permite cumplir el propósito final.

»Las Cinco Leyes del Oro ofrecen una recompensa abundante a quien las observa.

»Cada una conlleva un significado rico, y como temo que hayan podido soslayarlo debido a la brevedad de mi relato, las repetiré ahora. Las he memorizado porque cuando fui joven logré ver su valor y no me sentí satisfecho hasta no grabarlas en mi mente, palabra por palabra.

La Primera Ley del Oro

El oro le llega con gusto y en una cantidad cada vez mayor a todo hombre que reserva no menos de la décima parte de sus ganancias para formar un legado para su futuro y el de su familia.

—Cualquier hombre que reserve la décima parte de sus ganancias de forma consistente y la invierta con sabiduría, amasará una valiosa fortuna que le proveerá ingresos en el futuro, y que garantizará la seguridad de su familia en caso de que los dioses lo convoquen al mundo de la oscuridad. Esta ley dice que el oro vendrá con alegría a ese tipo de hombre, y yo les puedo garantizar, sin lugar a duda, que esto es lo que sucede en mi propia vida. Cuanto más oro acumulo, más rápido y con mayor abundancia llega a mí. El oro que ahorro produce más y el oro de ustedes también lo hará. Las ganancias de mi oro también generan más, y todo esto es producto de la primera ley.

La Segunda Ley del Oro

El oro trabaja con diligencia y alegría para el sabio propietario que le encuentra un uso rentable, y se multiplica como los rebaños del campo.

—El oro es un trabajador con buena disposición. Está incluso dispuesto a multiplicarse cuando se presente la oportunidad. A todo hombre que tenga oro guardado y reservado, siempre le llega la oportunidad de usarlo de la manera más fructífera. Y a medida que pasan los años, su riqueza se multiplica de una forma asombrosa.

La Tercera Ley del Oro

El oro se aferra a la protección del precavido propietario que lo administra y lo invierte siguiendo el consejo de hombres sabios.

—El oro se aferra al poseedor precavido y huye del poseedor descuidado. Quien busca el consejo de hombres sabios en el manejo del oro aprende en poco tiempo a no arriesgar su tesoro, a guardarlo de manera segura y a disfrutar con alegría de la forma constante en que este aumenta.

La Cuarta Ley del Oro

El oro escapa del hombre que lo invierte en negocios o propósitos con los que no está familiarizado o que no aprueban quienes son hábiles para administrar.

—Para el hombre que posee oro, pero que no es diestro en su manejo, hay muchos usos que parecen beneficiosos. Sin embargo, a menudo estos usos están plagados del peligro de la pérdida, y si son sometidos al análisis correcto de hombres sabios, se hace evidente que la probabilidad de que generen ganancias es muy baja. Por esta razón, el inexperto propietario de oro que confía en su propio juicio e invierte lo que posee en un negocio o en empresas con las que no está familiarizado, a menudo se da cuenta de que su decisión es imperfecta y termina pagando su falta de experiencia con su propio tesoro. Quien invierte guiado por el consejo de hombres diestros en la administración del oro, es un hombre sabio.

La Quinta Ley del Oro

El oro huye del hombre que lo fuerza a generar ganancias imposibles, que sigue los seductores consejos de embaucadores y embusteros, o que confía en su propia falta de experiencia y sus románticos anhelos al invertir.

—Al nuevo poseedor de oro siempre le llegan propuestas fantásticas que emocionan como si fueran historias de aventuras. Estas propuestas parecen otorgarle a su tesoro poderes mágicos que le permitirán generar ganancias imposibles. Por eso deberán escuchar a los hombres sabios, porque ellos conocen bien los riesgos que se ocultan en todo plan que propone riqueza repentina.

»No olviden a los hombres pudientes de Nínive que no se arriesgaban a perder su capital inicial ni a comprometerlo en inversiones improductivas.

»Así termina mi historia sobre Las Cinco Leyes del Oro. A través de ella les he transmitido también los secretos de mi propio éxito. O tal vez en lugar de llamarlos secretos podríamos decir que son verdades que debe aprender y seguir todo aquel que desea sobresalir entre una multitud que, al igual que los perros salvajes del pasado, tiene que preocuparse todos los días por lo que comerá el siguiente.

»Mañana entraremos a Babilonia. ¡Observen! ¡Vean el fuego que arde eternamente sobre el Templo de Bel! Desde aquí podemos contemplar ya la ciudad dorada. Mañana todos tendrán oro: el oro que han ganado gracias a su servicio y fidelidad.

»Diez años a partir de esta noche, ¿qué podrán decir respecto a este oro?

»Si entre ustedes hay hombres como Nomasir que usaran una porción de su oro para amasar una fortuna para sí mismos y se dejarán guiar por la sabiduría de Arkad, me parece correcto apostar que en una década serán ricos y respetados por otros hombres como el hijo de este sabio.

»Nuestras acciones meditadas nos acompañan a lo largo de la vida para complacernos y ayudarnos. Y de la misma manera, nuestras acciones imprudentes nos persiguen como plaga y nos atormentan. ¡Qué pena que no puedan ser olvidadas! En la primera fila de los tormentos que nos persiguen se encuentran los recuerdos de las cosas que debimos hacer, de las oportunidades que llegaron a nosotros, pero no aprovechamos.

»Los tesoros de Babilonia son tan abundantes que nadie puede contar su valor en monedas de oro. Cada año se vuelven más valiosos y numerosos. Como los tesoros de toda tierra, son la recompensa que recibirán los hombres perseverantes que decidan procurarse la parte que les corresponde.

»La fuerza de su deseo es un poder mágico. Si guían a este poder con su conocimiento de Las Cinco Leyes del Oro tendrán acceso a los tesoros de Babilonia.

EL PRESTAMISTA
DE ORO DE BABILONIA

¡Cincuenta monedas de oro! Rodan, el fabricante de lanzas de la vieja Babilonia, nunca había portado tanto oro en su saco de cuero. El hombre iba feliz caminando por el sendero del rey, el que iniciaba en el palacio de su generosa majestad. El dinero tintineaba alegre cada vez que daba un paso y se agitaba el saco de cuero que colgaba de su cinturón: era la música más dulce que había escuchado en su vida.

¡Cincuenta monedas de oro! ¡Y eran todas suyas! Le costaba trabajo creer su buena suerte. ¡Cuánta fuerza había en esos pequeños discos tintineantes! Podían comprar cualquier cosa que él deseara: una casa grande, tierra, ganado, camellos, caballos, cuadrigas, lo que fuera.

¿En qué debería usarlos? Esa noche, cuando giró y entró a la calle lateral que llevaba a la casa de su hermana, no se le ocurrió nada que le gustaría poseer más que esas mismas monedas brillantes y pesadas de oro que le pertenecían.

Una noche, algunos días después, Rodan entró confundido a la tienda de Mathon, prestamista de oro y comerciante de joyas y telas raras. Sin mirar ni a la izquierda ni a la derecha, donde se exhibían con ingenio los coloridos artículos, atravesó hasta la zona de vivienda al fondo. Ahí encontró al elegante Mathon descansando sobre una alfombra y disfrutando la comida que le había servido un esclavo.

—Me gustaría que me aconsejaras porque no sé qué hacer —dijo Rodan. Se encontraba de pie, imperturbable, con los pies separados. A través de la abertura del chaleco de cuero era posible ver su velludo pecho.

Mathon sonrió con su delgado y amarillento rostro y recibió con amabilidad al recién llegado.

—¿Qué errores debes haber cometido para buscar la opinión de un prestamista de oro? ¿Tuviste mala suerte en las mesas de juego? ¿O una rolliza dama logró embrollarte? Te he conocido durante muchos años y nunca me habías pedido que te ayudara a resolver tus problemas.

—No, no, no se trata de nada de eso. No estoy buscando oro, solo quisiera recibir tu sabio consejo.

—¡Escuchen! ¡Escuchen! Vean lo que dice este hombre. Nadie busca al prestamista de oro para solicitar sus consejos. Mis oídos deben estarme engañando.

—No, lo que escuchan es verdad.

—¿Será cierto? Rodan, el fabricante de lanzas, parece ser más astuto que el resto de los hombres porque viene a ver a Mathon, no en busca de oro sino de consejo. Muchos me buscan para pedirme las monedas con que pagarán sus errores, pero ninguno desea mi opinión. Y, sin embargo, ¿quién es más capaz de aconsejar que el prestamista al que muchos hombres se acercan cuando están en problemas?

»Hoy comerás conmigo, Rodan —continuó Mathon—. Serás mi invitado de esta noche. ¡Ando! —exclamó dirigiéndose a su esclavo—, extiende una alfombra para mi amigo, el fabricante de lanzas que viene en busca de consejo. Será mi invitado de honor esta noche. Tráele comida en abundancia y dale mi vaso más grande. Elige el mejor vino, el que lo haga sentirse satisfecho al beberlo. Ahora cuéntame tus problemas.

—Se trata del regalo del rey.

—¿El regalo del rey? ¿El rey te brindó un regalo y eso te está causando problemas? ¿Qué tipo de regalo es?

—El soberano se sintió muy complacido con el diseño que le envié para la nueva punta de las lanzas de la guardia real y me regaló cincuenta monedas de oro, pero ahora me siento muy confundido. No hay hora del día en que otros no insistan en que comparta con ellos mi regalo.

—Es natural. Los hombres que desean oro son más que quienes lo poseen, y desearían que quienes lo obtuvieron de una manera sencilla lo compartieran con ellos. ¿No podrías negarte? ¿Tu voluntad no es tan fuerte como tu puño?

—A muchos podría decirles que no compartiré mi regalo con ellos, pero a veces sería más sencillo ceder. ¿Puede alguien negarse a compartir algo con una hermana a la que ama tanto?

—Estoy seguro de que tu propia hermana no querría impedir que disfrutaras de tu recompensa.

—No, pero lo hace por Araman, su esposo, porque quiere que se convierta en un mercader pudiente. Siente que él nunca ha tenido una oportunidad, y por eso ahora insiste en que le preste este oro para que pueda invertirlo, convertirse en un comerciante próspero y pagarme con sus ganancias.

—Amigo mío —dijo Mathon—, el tema que traes a discusión es valioso. El oro le confiere a su dueño responsabilidad y lo coloca en una nueva posición entre sus semejantes. Esto hace que tema perder lo que posee o que lo engañen y se lo quiten. También conlleva una sensación de poder y la capacidad de hacer el bien. Asimismo, lo coloca en una situación en la que sus buenas intenciones podrían meterlo en dificultades.

»¿Alguna vez has oído hablar del campesino de Nínive que comprendía el lenguaje de los animales? Estoy seguro de que no, porque no es el tipo de relato que a los hombres les agrada contar mientras funden el bronce.

Te lo narraré porque debes saber que pedir prestado y prestar implica mucho más que solo el paso del oro de las manos de un hombre a las de otro.

»El campesino que podía entender lo que los animales se decían entre sí solía quedarse afuera hasta tarde para oírlos conversar. Una noche escuchó que el buey se quejaba con el asno de lo pesada que era su labor: "Trabajo jalando la yunta desde que amanece hasta que anochece. No importa cuánto calor haga ni cuán cansadas estén mis patas, no importa que el arco me roce el cuello: de todas formas, debo trabajar. Tú, en cambio, eres una bestia de esparcimiento. Estás arropado con una manta colorida y no haces más que llevar a tu amo a donde quiera que desee. Cuando no va a ningún lugar puedes descansar y comer hierba verde todo el día".

»El asno, que era un buen animal, le mostró empatía al buey a pesar de que él también tenía una pesada carga: "Mi buen amigo —dijo—, trabajas arduamente y me gustaría ayudarte a aminorar tu carga. Te diré cómo tener un día de descanso. En la mañana, cuando el esclavo venga por ti para engancharte al arado, recuéstate sobre la tierra y brama tanto que parezca que estás enfermo y no puedes trabajar".

»El buey siguió el consejo del asno y a la mañana siguiente, después de su actuación, el esclavo volvió a donde estaba el campesino y le dijo que el buey estaba enfermo y no podía arar la tierra.

»"Entonces ata el asno al arado —dijo el campesino—: el trabajo no puede parar".

»El asno, que solo había tenido la intención de ayudar a su amigo, se vio obligado a realizar su labor durante todo un día. Al llegar la noche, cuando lo liberaron del arado, en su corazón había amargura, sus patas estaban cansadas y el cuello le dolía en la parte donde le rozó el arco.

»El campesino se quedó afuera, cerca de los animales, para escuchar.

»El buey habló primero. "Eres un buen amigo, gracias a tu sabio consejo tuve un día de descanso".

»"Y yo —replicó el asno—, como todos aquellos que tienen buen corazón y son ingenuos, empecé tratando de ayudar a un amigo y terminé haciendo su trabajo. De aquí en adelante tendrás que jalar tu arado, porque escuché al amo decirle al esclavo que si te volvías a enfermar te enviara al carnicero. Desearía que lo hiciera porque eres un perezoso". Después de eso, los animales no se volvieron a hablar porque el suceso dio fin a su amistad. ¿Puedes decirme cuál es la moraleja de esta historia, Rodan?

—Es una buena historia —respondió Rodan—, pero no veo la moraleja.

—Imaginé que no la entenderías, sin embargo, la hay y es muy sencilla: si deseas ayudar a un amigo, hazlo de tal manera que no termines sufriendo su carga.

—No había pensado en eso, es una sabia moraleja. Francamente no me gustaría tener que cargar con los problemas del esposo de mi hermana. Pero ahora dime, tú que le prestas a tanta gente, ¿los que te piden prestado pagan sus deudas?

En el rostro de Mathon apareció la sonrisa de aquellos cuya alma posee experiencia en abundancia.

—¿Se podría hacer un préstamo de la manera correcta si el prestatario no pudiera pagarlo? ¿No debería el prestamista ser sabio y juzgar con atención si su oro cumplirá un propósito útil para el prestatario y si este lo devolverá? ¿O si, más bien, será desperdiciado porque el prestatario no lo usará sabiamente y, además de despojar al prestamista de su tesoro, se quedará con una deuda que no podrá pagar? Ahora te mostraré las prendas que tengo en mi cofre y te contaré algunas de sus historias.

Mathon trajo un cofre tan largo como su brazo, cubierto con cuero de cerdo rojo y adornado con diseños en bronce. Lo colocó en el suelo, se acuclilló frente a él y colocó ambas manos sobre la tapa.

—Cada vez que le hago un préstamo a alguien, le exijo una prenda que guardo en este cofre y la dejo ahí hasta que me devuelven el oro. Cuando recupero lo que presté le doy al prestatario su prenda, pero si no me paga, siempre recordaré a la persona que traicionó mi confianza.

»Mi cofre de prendas me indica que las personas a las que es más seguro prestarles son las que poseen bienes más valiosos que el que desean adquirir. Poseen tierras, joyas, camellos u otras cosas que pueden vender para pagar su deuda. A veces me dan en prenda joyas que valen más de lo que yo presto. En otros casos, me prometen que, si no pagan su préstamo como lo acordamos, podré cobrarme con una propiedad. En casos como este, sé que me devolverán el oro más intereses porque el préstamo se hace con base en una propiedad.

»Hay personas que tienen la capacidad de ganar dinero, como tú. Son quienes ofrecen un trabajo o servicio y reciben un pago a cambio. Tienen ingresos y, si son honestos y no se ven afectados por la mala fortuna, sé que también podrán devolverme el oro que les preste más los intereses a los que tengo derecho. Estos préstamos tienen como base el esfuerzo humano.

»También hay quienes no poseen propiedades y tampoco tienen la capacidad de ganar un salario. La vida es difícil y siempre habrá alguien que no pueda adaptarse a ella. En esos casos, aunque no preste más que un centavo, mi cofre de prendas podría reprochármelo en los próximos años a menos de que el prestatario me ofrezca la garantía de algún buen amigo dispuesto a constatar su honorabilidad y a pagarme.

Mathon sujetó la tapa que tenía entre sus manos y la levantó. Rodan se asomó ansioso.

En la parte más alta había un collar de bronce sobre un paño color escarlata. Mathon lo levantó y lo tocó con afecto.

—Esto siempre permanecerá en mi cofre de prendas porque el propietario pasó a la gran oscuridad. Atesoro su prenda y su recuerdo porque era un buen amigo mío. Comerciamos juntos y tuvimos mucho éxito hasta que trajo del este a una mujer con la que decidió casarse. Era hermosa, pero no era como nuestras mujeres. Era una criatura deslumbrante. Para satisfacer sus deseos, mi amigo gastó su oro con liberalidad y luego, cuando este se le acabó, vino a verme muy afligido. Le di consejos, le dije que le ayudaría a retomar el control de sus asuntos. Él me juró por el Gran Toro que lo haría, pero las cosas no salieron como esperábamos. Tuvo una pelea con su mujer, él la retó a rasgarle el corazón con un cuchillo, y ella lo hizo.

—¿Esto le pertenecía a la mujer? —preguntó Rodan.

—Sí, por supuesto, era de ella —contestó Mathon levantando el paño color escarlata—. Su amargura y arrepentimiento la hicieron lanzarse al Éufrates. Estos dos préstamos no serán pagados jamás. Mira bien, Rodan, el cofre te dice que los humanos que son presa de grandes emociones representan un gran riesgo para el prestamista de oro.

»¡Ahora mira esta prenda! ¡Es distinta! —exclamó Mathon tomando un anillo tallado en hueso de buey—.

Este anillo le perteneció a un campesino, esposo de las mujeres a las que yo compraba alfombras. Cuando llegó la plaga de langostas se quedaron sin alimentos y yo le ayudé a él. Luego, en cuanto tuvo su nueva cosecha, me pagó. Después regresó y me contó que un viajero le había descrito unas cabras extrañas con un pelambre tan largo y fino que con él podría tejer las alfombras más bellas de Babilonia. Quería comprar un rebaño, pero no tenía medios, así que le volví a prestar oro para que hiciera un viaje y trajera de esas cabras consigo. Actualmente está criando su propio ganado, así que el próximo año podré sorprender a los grandes señores de Babilonia con las alfombras más costosas que la buena suerte les permitiría adquirir. Dentro de poco tendré que devolverle su anillo, ya que insiste en pagarme el préstamo pronto.

—¿Algunos de los prestatarios hacen eso? —preguntó Rodan.

—Si me piden dinero para invertir en proyectos que les harán ganar dinero, sí. En cambio, si piden dinero para solucionar problemas en los que incurrieron por un mal comportamiento, te puedo decir que lo mejor es ser cauteloso porque podrías no volver a ver tu oro.

—Cuéntame sobre esta prenda, por favor —dijo Rodan al mismo tiempo que tomaba del cofre un pesado brazalete de oro con joyas de raro diseño.

—Veo que a mi buen amigo le agradan las mujeres —dijo Mathon en tono de broma.

—Aún soy mucho más joven que tú —contestó Rodan.

—Eso lo admito, pero en esta ocasión sospechas que existe un romance en donde en realidad no lo hay. La propietaria de este brazalete es obesa, tiene arrugas y habla tanto sin decir nada que me vuelve loco. En el pasado tuvieron mucho oro y fueron buenos clientes, pero luego los abrumaron los tiempos difíciles. Ella tenía un hijo y deseaba que se convirtiera en mercader, así que vino a verme y me pidió prestado oro para que él pudiera asociarse al dueño de una caravana que viajaba con sus camellos a una ciudad para hacer trueques con las mercancías que había adquirido en otra.

»El dueño de la caravana resultó ser un pillo. Una mañana partió temprano y dejó al pobre muchacho, que aún dormía, solo en una ciudad lejana, sin dinero y sin amigos. Tal vez cuando el joven crezca y se vuelva hombre me pague el préstamo, pero hasta entonces no recibiré intereses por el mismo, solo promesas. Sin embargo, admito que las joyas valen lo que el oro que les presté.

—¿La dama te pidió consejo sobre cómo aprovechar el préstamo?

—No, al contrario. Imaginaba que su hijo llegaría a ser un poderoso y adinerado hombre de Babilonia, e insinuar lo contrario solo la enfurecía. Cuando lo intenté, recibí una fuerte reprimenda como respuesta. Yo sabía lo riesgoso que sería prestarle a aquel joven sin experiencia, pero como ella ofreció garantizar el préstamo, no pude negárselo.

»Esto —continuó Mathon agitando ligeramente una soga anudada— le perteneció a Nebatur, el comerciante de camellos. Cuando desea comprar una manada más numerosa de la que puede pagar, me trae este nudo y yo le presto lo que necesita. Es un comerciante avezado, confío en su buen juicio y puedo prestarle sin preocupaciones. En Babilonia hay muchos otros mercaderes que se han ganado mi confianza porque su comportamiento es honorable. Sus prendas entran y salen a menudo de mi cofre. Los buenos mercaderes son benéficos para nuestra ciudad, y a mí me conviene ayudarles a mantener el comercio en movimiento para que esta sea una ciudad próspera.

Mathon levantó un escarabajo tallado en piedra turquesa y lo lanzó con desprecio al suelo.

—Un bicho de Egipto. Al joven que me lo dio no le interesa devolverme mi oro. Cuando le hablo para reclamarle, me contesta: "¿Cómo quieres que te pague si la mala suerte me persigue? Tú tienes mucho más oro". ¿Qué puedo hacer? La prenda le pertenece al padre, un hombre valioso de pocos recursos que tuvo que comprometer su tierra y su ganado para respaldar los proyectos del hijo. El joven tuvo éxito al principio, pero luego se apasionó demasiado y quiso obtener una riqueza imposible. Como carecía de conocimiento sus planes se vinieron abajo.

»Los jóvenes son ambiciosos. Toman atajos hacia la riqueza y los bienes deseables que la representan. Con tal de asegurarse una fortuna en poco tiempo, suelen pedir prestado sin meditar bien las cosas. Como no tienen experiencia, no se dan cuenta de que una deuda impagable es como un agujero profundo en el que uno puede caer con rapidez y quedarse luchando en vano durante mucho tiempo. Es un agujero de pena y arrepentimiento desde donde no se alcanza a ver la brillantez del sol, y en donde las noches son miserables porque es imposible dormir. Sin embargo, yo no desaliento a los jóvenes cuando piden oro prestado, al contrario. De hecho, solicitar un préstamo es algo que recomiendo si se tiene como objetivo invertir de manera sabia. Yo mismo tuve mi primer éxito real como mercader gracias al oro que alguien me prestó.

»¿Pero qué deberá hacer el prestamista en el caso de este joven? Está desesperado y no logra nada, se siente desalentado. No hace un esfuerzo por pagar, pero mi corazón me impide despojar al padre de su tierra y su ganado.

—Todo lo que me cuentas me resulta interesante —se atrevió a decir Rodan—, pero no has respondido mi pregunta. ¿Debería prestarle mis cincuenta monedas de oro al esposo de mi hermana? El regalo del rey significa mucho para mí.

—Tu hermana es una mujer excelente a la que estimo mucho. Si su esposo viniera a pedirme cincuenta monedas de oro prestadas, yo le preguntaría de qué manera piensa usarlas.

»Si me respondiera que quiere convertirse en mercader como yo y comerciar joyas y costosos accesorios, le preguntaría: "¿Cuánto sabes respecto al comercio? ¿Sabes dónde puedes comprar al menor costo? ¿Sabes dónde puedes vender a precio justo?". ¿Crees que respondería "Sí" a estas preguntas?

—No, no lo haría —admitió Rodan—. A mí solo me ha ayudado a fabricar espadas y también ha trabajado un poco en las tiendas.

—En ese caso, yo le diría que su propósito no es conveniente. Los mercaderes deben aprender su negocio. Aunque el esposo de tu hermana tiene una ambición valiosa, carece de experiencia, y por eso no le prestaría oro.

»Pero supongamos que contestara: "Sí, he ayudado mucho a varios mercaderes. Sé cómo viajar a Smyrna y comprar a un precio bajo las alfombras que tejen las amas de casa. También conozco a mucha gente rica de Babilonia a la que podría venderle las alfombras y obtener una ganancia considerable". En ese caso le diría: "Tu propósito es sabio y tu ambición honorable. Si me garantizas que me las devolverás, con gusto te prestaré las cincuenta monedas de oro". Y entonces él contestaría: "La única garantía que tengo es que soy un hombre respetado y que te pagaré bien por el préstamo". Yo le diría entonces: "Valoro mucho mis monedas de oro, si algún ladrón te las robara durante tu viaje a Smyrna o te despojara de las alfombras en tu camino de regreso, no tendrías forma de pagarme y yo perdería lo que te presté".

»Verás, Rodan, el oro es la mercancía del prestamista. Es algo que se puede dar con facilidad, pero si se entrega sin inteligencia, será difícil recuperarlo. Lo que al prestamista sabio le interesa no es el riesgo del proyecto, sino la garantía de que le pagarán lo que prestó.

»Es bueno ayudar a quienes están en dificultades —prosiguió—. Es bueno ayudar a aquellos con quienes el destino se ha ensañado. Es bueno ayudar a quienes comienzan para que puedan progresar y llegar a ser ciudadanos valiosos. Sin embargo, la ayuda se debe brindar con sabiduría para que nuestro deseo de contribuir no nos haga vernos abrumados por la carga que le corresponde a otro, como le sucedió al asno del campesino que entendía el lenguaje de los animales.

»Sé que volví a desviarme de tu pregunta, Rodan, pero escucha mi respuesta: conserva tus cincuenta monedas de oro. Lo que tu trabajo te permite ganar y lo que recibes como recompensa te pertenece, y ningún hombre puede obligarte a separarte de ello a menos de que tú así lo desees. Si prestas tu oro para que te produzca más, entonces hazlo con precaución y en distintas inversiones. A mí no me gusta el oro improductivo, pero me desagrada aún más correr grandes riesgos.

»¿Cuántos años has trabajado como fabricante de lanzas?

—Tres años completos.

—Además del regalo del rey, ¿cuánto más has ahorrado?

—Tres monedas de oro.

—¿Cada año de los que has trabajado te has negado a ti mismo cosas buenas con tal de ahorrar una moneda de oro de tus ganancias?

—Es tal como lo dices.

—Entonces, si te niegas cosas buenas durante cincuenta años de trabajo, ¿podrías ahorrar cincuenta monedas de oro?

—Sería toda una vida de trabajo.

—¿Crees que tu hermana desearía poner en riesgo los ahorros de cincuenta años de trabajo y ponerlos en el horno para fundir bronce para que su esposo pueda experimentar y tratar de convertirse en mercader?

—Por lo que me has dicho, no.

—Entonces ve a verla y dile: "Durante tres años he trabajado todos los días del amanecer al anochecer, excepto los de ayuno. Además, me he negado muchas cosas que mi corazón anhela. Ahora tengo una moneda de oro por cada año de trabajo y de privaciones. Tú eres mi hermana favorita y me agradaría que tu esposo se involucrara en negocios que le permitieran prosperar en gran medida. Si desea enviarme un plan que le parezca sabio y viable a mi amigo Mathon, le prestaré con gusto mis ahorros de todo un año para darle la oportunidad de demostrar que es capaz de tener éxito". Te recomiendo que hagas esto, y si el esposo de tu hermana tiene lo necesario para triunfar, podrá probarlo. Si fracasara, no te debería más de lo que estaría en posibilidad de devolverte algún día.

»Soy prestamista de oro porque tengo más del que necesito para realizar mis transacciones. Es mi deseo que el excedente que poseo trabaje para otros y me permita ganar más oro. No me gustaría arriesgarme a perderlo porque he trabajado demasiado y me he negado muchas cosas con tal de reunirlo. Por lo tanto, no estoy dispuesto a prestárselo a nadie que no me parezca honorable o no me garantice que me lo devolverá pronto.

»Esta noche te he contado algunos de los secretos de mi cofre de prendas, Rodan. Gracias a ellos tal vez comprenderás la debilidad de los hombres y su ansiedad por pedir prestado algo que no están en condiciones de devolver. Gracias a ellos también verás lo frecuente que es que crean que, de tener oro, podrían obtener cuantiosas ganancias a pesar de que no tienen ni la capacidad ni el entrenamiento para hacerlo.

»Ahora tú tienes oro que deberías poner a trabajar para que te produzca más, Rodan. Estás a punto de convertirte en lo que yo soy: prestamista de oro. Si conservas tu tesoro, generará abundantes ganancias para ti y será una espléndida fuente de placer y beneficios el resto de tu vida. En cambio, si permites que se escape de tus manos, se convertirá en fuente de pena y arrepentimiento constantes mientras tu memoria continúe funcionando.

»¿Qué es lo que más deseas para el oro que tienes en tu cartera?

—Que se mantenga a salvo.

—Es un sabio deseo —dijo Mathon asintiendo con la cabeza—. Tu primera intención es conservarlo seguro. ¿Crees que, si el esposo de tu hermana lo custodiara, en verdad estaría a salvo y no se perdería?

—Me temo que no porque no es un hombre que sepa proteger el oro.

—Entonces no permitas que los tontos sentimientos de la obligación te obliguen a confiarle tu tesoro a nadie. Si deseas ayudar a tu familia o a tus amigos, encuentra una manera que no implique perder tu riqueza. No olvides que el oro se escapa de formas inesperadas cuando está en manos de gente que no tiene la habilidad de protegerlo. Dará lo mismo que lo gastes en extravagancias o que permitas que otros lo pierdan por ti.

»Después de que se mantenga a salvo, ¿qué más deseas para tu tesoro?

—Que me produzca más oro.

—Has vuelto a hablar con sabiduría. Debería producirte ganancias y volverse más abundante. El dinero que se presta de manera inteligente puede llegar a duplicarse gracias a las ganancias incluso antes de que un hombre como tú envejezca. Si lo arriesgas y lo pierdes, también perderás todas las ganancias que podría generarte.

»Por lo tanto, no te dejes llevar por los planes fantásticos de hombres sin experiencia que creen ver maneras de forzar tu dinero a producir ganancias fuera de lo común. Estos planes son producto de soñadores inhábiles que no dominan las seguras y confiables leyes del comercio. Sé conservador en lo que esperas ganar y de esa forma podrás proteger y disfrutar de tu tesoro porque, prestarlo con la idea de obtener retornos exorbitantes, solo es una manera de asegurarte pérdidas.

»Trata de involucrarte con hombres y empresas cuyo éxito esté bien establecido. La manera inteligente en que te indiquen cómo usar tu tesoro lo hará producir ganancias abundantes, y su sabiduría y experiencia te protegerán.

»Así evitarás las desgracias que aquejan a la mayoría de los hijos de los hombres a quienes los dioses han decidido confiarles oro.

Cuando Rodan le agradeció a Mathon sus consejos, este no lo escuchó y prefirió seguir hablando:

—El regalo del rey te brindará gran sabiduría. Si decides conservar las cincuenta monedas de oro deberás ser discreto. Te sentirás tentado a usarlas para muchas cosas. Recibirás gran cantidad de consejos también. Te ofrecerán numerosas oportunidades de obtener ganancias cuantiosas. Los relatos de mi cofre de prendas deberían prevenirte: antes de permitir que una sola moneda de oro salga de tu saco, asegúrate de tener una manera segura de hacerla regresar a él. Si llegaras a necesitar y a desear más consejos míos, regresa a visitarme y te los brindaré con gusto.

»Antes de partir lee lo que grabé debajo de la tapa de mi cofre, esta sentencia es aplicable tanto al prestamista como al prestatario:

> **MÁS VALE UN POCO DE PRECAUCIÓN**
> **QUE UN GRAN ARREPENTIMIENTO**

LAS MURALLAS
DE BABILONIA

El viejo Banzar, adusto guerrero de antaño, mantenía la guardia en el pasaje que llevaba a la parte superior de las antiguas murallas de Babilonia. Ahí, valiosos defensores luchaban por mantenerlas en pie. De ellos dependía la existencia futura de esta gran ciudad y de sus cientos de miles de habitantes.

En las murallas se escuchó el rugido de los ejércitos enemigos, los alaridos de muchos hombres, el golpeteo de miles de caballos y el ensordecedor crujido de los arietes contra las puertas de bronce.

En el camino detrás de la puerta se encontraban los soldados con lanzas esperando el momento de defender la entrada si las puertas llegaban a ceder. Los encargados de esta tarea eran solo unos cuantos. Los principales ejércitos de Babilonia estaban lejos con su rey, en la gran expedición en contra de los elamitas en el este. Como no se había anticipado ningún ataque a la ciudad durante su ausencia, los grupos de defensa eran poco numerosos. De repente se aproximaron desde el norte los poderosos ejércitos de los asirios: las murallas tendrían que mantenerse en pie o, de lo contrario, Babilonia estaría condenada.

Alrededor de Banzar había nutridas multitudes de ciudadanos pálidos y aterrados que trataban ansiosamente de enterarse de las nuevas de la batalla. En silencio y asombrados observaron cómo sacaban del pasaje a los heridos y a los muertos.

Este era el punto crucial del ataque. Después de tres días rondando la ciudad, el enemigo, de repente, lanzó su formidable fuerza contra aquella sección y aquella puerta.

Los defensores en la cima de la muralla lucharon contra las plataformas para escalar y las escaleras de los atacantes. Usaron flechas, aceite hirviendo y, cuando alguno llegaba hasta arriba, lanzas. Miles de arqueros enemigos lanzaron una barrera letal de flechas en contra de los defensores.

El viejo Banzar estaba en el sitio privilegiado para observar el desarrollo de la batalla. Era el más cercano al conflicto y el primero en escuchar los ataques más recientes de los frenéticos agresores.

Un anciano mercader se acercó mucho a él, sus manos paralizadas no dejaban de temblar.

—¡Dime! ¡Dime! —le suplicó—. No pueden entrar, mis hijos están con el buen rey y no hay nadie que proteja a mi esposa. Me robarán todos mis bienes. De mis alimentos no dejarán nada. Somos demasiado viejos para defendernos, demasiado viejos para ser esclavos. Moriremos de hambre. Moriremos. Dime por favor que no pueden entrar.

—Tranquilo, buen hombre —respondió el guardia—. Las murallas de Babilonia son impenetrables. Regresa al bazar y dile a tu mujer que las murallas los protegerán a ustedes y a todas sus posesiones de la misma manera que protegen los abundantes tesoros del rey. ¡Mantente cerca de ellas para evitar que las flechas te alcancen!

Cuando el anciano se retiró, una mujer con un bebé en los brazos ocupó su lugar.

—Sargento, ¿qué noticias tiene de lo alto de las murallas? Dígame la verdad para que pueda tranquilizar a mi pobre esposo. Está recostado con fiebre debido a sus terribles heridas, pero insiste en que su armadura y su lanza me protejan porque estoy embarazada. Me ha dicho que si nuestros enemigos llegaran a entrar, su deseo de venganza y su lujuria serían incontenibles.

—Mujer que eres madre y que pronto lo volverás a ser: tranquiliza tu corazón. Las murallas de Babilonia son fuertes y sólidas, te protegerán a ti y a tus hijos. ¿Acaso no escuchas los alaridos de nuestros valerosos defensores vaciando calderos de aceite hirviendo sobre los hombres que escalan?

—Sí, escucho los alaridos de nuestros hombres, pero también el rugido de los arietes que golpean nuestras puertas.

—Regresa adonde está tu esposo y dile que las puertas son fuertes y soportarán los arietes. También dile que los escaladores suben por las murallas, pero los espera el empellón de la lanza. Ten cuidado en tu camino de vuelta y guarécete pronto detrás de tus muros.

Banzar entró al pasaje para despejarlo y permitir la entrada de los refuerzos que venían considerablemente armados. Cuando estos ingresaron con paso denso y cargando sus tintineantes escudos de bronce, una niña haló al guardia del cinturón.

—Soldado, dime por favor si estamos a salvo —le suplicó—. Escucho ruidos espantosos y veo a todos esos hombres sangrando. Estoy muy asustada. ¿Qué sucederá con nuestra familia? ¿Con mi madre, mi hermanito y el bebé?

El adusto guerrero parpadeó y lanzó hacia el frente el mentón sin dejar de mirar a la niña.

—No temas, pequeña —le dijo tratando de tranquilizarla—. Las murallas de Babilonia te protegerán a ti, a tu madre, a tu hermanito y al bebé. La benévola reina Semiramis las construyó hace más de cien años para que personas como tú estuvieran seguras. Nadie las ha penetrado jamás. Regresa a casa y dile a tu madre, a tu hermanito y al bebé que las murallas de Babilonia los resguardarán, que no deben temer.

El viejo Banzar permaneció de pie en su puesto día tras día y observó cómo los refuerzos entraban en fila por el pasaje, se quedaban ahí y luchaban hasta que, heridos o muertos, volvían a bajar. A su alrededor no dejaban de amontonarse ciudadanos asustados que preguntaban con ansia si las murallas soportarían. Banzar les respondió a todos con la dignidad de un viejo soldado:

—Las murallas de Babilonia los protegerán.

Durante tres semanas y cinco días el ataque se desarrolló sin que la violencia cesara. Banzar endurecía cada vez con más fuerza la mandíbula mientras, en el pasaje detrás de él, la humedad de la sangre de los incontables heridos se mezclaba con la tierra arrastrada por el flujo de hombres que pasaban tambaleándose. Todos los días frente a las murallas crecían los montículos de atacantes masacrados, y todas las noches sus compañeros los transportaban de vuelta y los enterraban.

La quinta noche de la cuarta semana el clamor del exterior se apaciguó. Los primeros rayos de luz del amanecer iluminaron las llanuras y dejaron ver las amplias nubes de polvo que levantó el ejército enemigo en su retirada.

Entre los defensores se escuchó un poderoso grito cuyo significado era imposible de confundir. Las tropas detrás de las murallas lo repitieron y los ciudadanos en la calle le hicieron eco. Atravesó la ciudad con la violencia de una tormenta.

La gente salió presurosa de sus casas. Una ruidosa multitud se desbordó en las calles. El miedo reprimido durante semanas encontró salida en un salvaje canto de alegría. En la cima de la torre más alta del Templo de Bel se encendieron las llamas de la victoria. La columna de humo azulado flotó hacia el cielo transportando el mensaje a lo alto y ancho.

Las murallas de Babilonia habían vuelto a repeler a un enemigo poderoso y maligno decidido a robar sus abundantes tesoros y a violentar y esclavizar a sus ciudadanos.

Babilonia soportó siglo tras siglo porque estaba *totalmente protegida*: no podía darse el lujo de lo contrario.

Las murallas eran un ejemplo extraordinario de la necesidad y el deseo de los hombres de protegerse. Este anhelo es inherente a la raza humana y continúa siendo tan fuerte ahora como siempre, no obstante, hemos desarrollado planes más extensos y eficaces para cumplirlo.

Hoy en día, gracias a las impenetrables barreras de los seguros, las cuentas de ahorros y las inversiones confiables, podemos protegernos de las tragedias inesperadas que podrían atravesar cualquier umbral e invitarse a disfrutar del calor de la chimenea.

**NO PODEMOS DARNOS EL LUJO
DE NO CONTAR CON PROTECCIÓN ADECUADA**

EL VENDEDOR DE
CAMELLOS DE BABILONIA

Cuanta más hambre tenga un hombre, mejor funcionará su mente. Y más sensible se volverá a los aromas de la comida.

Esto era lo que pensaba Tarkad, hijo de Azure. Durante dos días no probó bocado excepto por dos pequeños higos que hurtó del muro de un jardín. No pudo arrancar más porque una mujer colérica salió de inmediato y lo persiguió por toda la calle. Los estridentes gritos continuaron sonando en sus oídos cuando atravesó el mercado caminando. Estaban tan presentes que evitaron que sus inquietos dedos tomaran los tentadores frutos de las canastas de las vendedoras.

Hasta ese momento no se había dado cuenta de cuánta comida llegaba a los mercados de Babilonia ni de lo bien que olía. Al salir del mercado avanzó hasta la posada y se puso a caminar de ida y vuelta frente al merendero. Tal vez ahí podría encontrarse a alguien conocido, alguien a quien pudiera pedirle prestada una moneda de cobre que le sirviera para hacer sonreír al hostil posadero y que este le regalara algo de comer. Sabía lo mal que lo recibirían si no llegaba con al menos una moneda.

En medio de su distracción, de pronto se encontró frente al hombre al que más deseaba evitar: el alto y huesudo Dabasir, vendedor de camellos. De todos los amigos y de toda la gente a la que le había pedido prestadas sumas modestas, Dabasir era el que lo hacía sentir más incómodo porque no había podido cumplir con la promesa de que le pagaría pronto.

El rostro del comerciante se iluminó en cuanto vio al joven.

—¡Vaya! ¡Es Tarkad! Precisamente el hombre al que he estado buscando para que me pague las dos monedas de cobre que le presté hace una luna. Y también la moneda de plata que le presté antes de eso. Nos volvemos a encontrar justo ahora que ese dinero me vendría muy bien. ¿Qué dices, muchacho? ¿Qué dices?

Tarkad tartamudeó y su rostro enrojeció. En el estómago no tenía nada que le proveyera fuerza para discutir con el franco Dabasir.

—Lo lamento, lo lamento mucho —musitó—, pero hoy no tengo ni monedas de cobre ni monedas de plata para pagarte.

—Entonces consíguelas —insistió Dabasir—. Estoy seguro de que puedes obtener algunas monedas de cobre y una de plata para pagar la generosidad del viejo amigo de tu padre que te ayudó cuando lo necesitaste, ¿no es cierto?

—No te puedo pagar porque me persigue la mala fortuna.

—¡La mala fortuna! ¿Cómo osas culpar a los dioses de tu propia debilidad? La mala fortuna persigue a todo hombre que se ocupa más de pedir prestado que de pagar. Ven conmigo, muchacho, acompáñame a comer. Tengo hambre y me gustaría contarte una historia.

Tarkad se estremeció ante la brutal franqueza de Dabasir, pero al menos ahora tenía una invitación para entrar por la puerta del merendero.

El vendedor lo empujó hasta un alejado rincón y ahí ambos se sentaron en un par de estrechas alfombras.

Cuando Kauskor, el dueño, apareció sonriendo, Dabasir se dirigió a él con el aire despreocupado de costumbre.

—Gorda salamandra del desierto, tráeme una pierna de cabra bien rostizada y jugosa, pan y todas las verduras que puedas porque tengo hambre y necesito mucha comida. Y no te olvides del amigo que me acompaña. Tráele una garrafa de agua fresca, ha sido un día muy caluroso.

El corazón de Tarkad se encogió. ¿Debería quedarse ahí sentado y beber agua mientras observaba a aquel hombre devorar una pata entera de cabra? Pero no habló porque no se le ocurrió qué decir.

Dabasir, en cambio, no conocía el silencio. Antes de continuar, sonrió y agitó la mano amistosamente saludando a los otros comensales. Todos lo conocían.

—Oí a un viajero que acaba de regresar de Urfa hablar de un hombre poderoso que tiene una piedra tan delgada y fina que es posible mirar a través de ella. La colocó en la ventana de su casa para mantener alejada a la lluvia. Según el viajero, es una piedra amarilla. El hombre le permitió usarla para mirar el mundo, y lo vio sumamente extraño, muy distinto a como en realidad es. ¿Qué opinas de eso, Tarkad? ¿Crees que un hombre podría ver el mundo completo de un color distinto al real?

—Me atrevería a decir que sí —contestó el joven, mucho más interesado en la gruesa pata de cabra frente a Dabasir que en la historia.

—Bien, pues yo sé que es posible y cierto porque yo mismo he visto el mundo de un color distinto al que conocemos. La historia que estoy a punto de contarte se relaciona con la manera en que volví a verlo de su color verdadero.

—Dabasir va a contar una historia —le susurró un comensal a su acompañante al mismo tiempo que acercaba su alfombra al mercader. Otros tomaron sus alimentos y se sentaron cerca formando una medialuna. Masticaron ruidosamente cerca de Tarkad y lo rozaron con los carnosos huesos que estaban comiendo. Él era el único que no tenía viandas. Dabasir no le ofreció nada y ni siquiera le señaló un mendrugo que se había quebrado y caído del plato al suelo.

—La historia que estoy a punto de relatar —comenzó Dabasir, haciendo una pausa para darle una buena mordida a la pierna de cabra— se relaciona con una etapa temprana de mi vida y con la razón por la que me convertí en vendedor de camellos. ¿Alguno de ustedes sabía que fui esclavo en Siria?

Dabasir escuchó satisfecho el murmullo de sorpresa que se extendió entre su público.

—Siendo joven —continuó el vendedor antes de darle otro mordisco a la pierna— aprendí el oficio de mi padre, fabricante de sillas para montar. Trabajé con él en su taller y luego me casé. Como era joven y poco hábil, ganaba poco, solo lo suficiente para mantener de manera modesta a mi maravillosa mujer. Sin embargo, anhelaba cosas buenas que no podía comprarme. Poco después descubrí que, aunque no tenía muchos recursos, los comerciantes confiaban en mí y me permitirían pagarles después.

»No tenía experiencia, así que no sabía que el que gasta más de lo que gana siembra vientos de autocomplacencia innecesaria de los que luego cosechará vendavales de dificultades y humillación. Por eso complací mis caprichos y me compré vestimentas finas y lujos para mi esposa y nuestro hogar. Objetos que estaban más allá de nuestras posibilidades.

»Fui pagando todo como pude, así que las cosas marcharon bien por algún tiempo. No obstante, con el paso de las lunas descubrí que no podía usar mis ganancias para vivir y también para pagar mis deudas. Mis acreedores empezaron a presionarme para que pagara mis extravagantes compras y mi vida se tornó miserable. Les pedí prestado a mis amigos, pero tampoco pude pagarles. Las cosas estaban mal y se pusieron peor. Mi esposa regresó a vivir con su padre y yo decidí abandonar Babilonia y buscar otra ciudad que le ofreciera más oportunidades a un joven.

»Durante dos años trabajé para comerciantes de caravanas, pero vivía inquieto y no alcanzaba el éxito. Después de eso me uní a un grupo de simpáticos ladrones que exploraban el desierto en busca de caravanas con hombres desarmados. Mis actos eran indignos del hijo de mi padre, pero yo veía el mundo a través de una fina piedra de color y no me daba cuenta de la degradación en la que había caído.

»Tuvimos éxito en nuestra primera expedición y capturamos un rico cargamento de oro, sedas y otras mercancías valiosas. Llevamos nuestro botín a Ginir y ahí lo despilfarramos.

»En la segunda ocasión no tuvimos tanta suerte. Poco después de haber realizado nuestra captura nos atacaron hombres armados con lanzas que obedecían a un jefe nativo a quien las caravanas le pagaban a cambio de protección. Los hombres asesinaron a nuestros dos líderes, y a nosotros nos llevaron a Damasco. Ahí nos despojaron de nuestra ropa y nos vendieron como esclavos.

»A mí me compró un jefe sirio del desierto por dos monedas de plata. Con el cabello rapado y un taparrabos como única vestimenta, no lucía tan distinto a los otros esclavos. Como era un joven imprudente pensé que solo se trataba de una aventura, pero dejé de verlo de esa forma en cuanto mi amo me llevó ante sus cuatro esposas y les dijo que podían tomarme como eunuco.

»Por supuesto, en ese momento comprendí lo desesperada que era mi situación. Esos hombres del desierto eran feroces y belicosos, y yo estaba sujeto a su voluntad. No tenía ni armas ni manera de escapar.

»Me quedé parado mientras las cuatro esposas me observaban. Me pregunté si se apiadarían de mí. Sira, la primera esposa, era la mayor de todas. Me miró con su rostro imperturbable y tuve que voltear a otro lado sintiéndome desconsolado. La siguiente era una belleza desdeñosa que me contempló con tal indiferencia que me sentí como lombriz. Las otras dos eran más jóvenes y solo rieron con nerviosismo, como si se tratara de una divertida broma.

»El tiempo que pasé de pie, aguardando la sentencia, fue como una eternidad. Cada una de las mujeres parecía esperar que las otras decidieran. Finalmente, Sira habló en un tono gélido.

—Tenemos eunucos en abundancia, pero solo unos cuantos cuidadores de camellos, y todos son unos inútiles. Hoy fui a ver a mi madre porque está enferma y con fiebre, y no hay un solo esclavo al que le permitiría que guiara a mi camello. Pregúntale a este si sabe cómo hacerlo.

Entonces mi amo me interrogó:

—¿Qué sabes de camellos?

Me esforcé por ocultar mi ansiedad y contesté:

—Puedo hacer que se agachen, los puedo cargar y puedo guiarlos durante viajes largos sin que se cansen. De ser necesario, también puedo reparar sus arneses.

—Este esclavo parece saber de lo que habla —señaló el amo—. Si así lo deseas, Sira, puedes tomarlo como cuidador y guía de camellos.

Entonces me entregaron a Sira y ese mismo día guie su camello durante un largo viaje para visitar a su madre. Aproveché para agradecerle su intercesión y le dije que no era esclavo de nacimiento, que era hijo de un hombre libre, un honorable fabricante de sillas de montar de Babilonia. También le conté buena parte de mi historia. Sus comentarios me desconcertaron mucho y me dejaron pensando largo rato después de que terminó de hablar.

—¿Cómo puedes llamarte hombre libre si tu debilidad te trajo a esta situación? Si en el interior de un hombre habita el alma de un esclavo, ¿no se convertirá en uno sin importar dónde haya nacido? ¿No será eso tan natural en él como la manera en que el agua encuentra su equilibrio? Si en el interior de un hombre habita el alma de un hombre libre, ¿no se volvería respetable y honorable en su propia ciudad a pesar del infortunio? Fui esclavo durante un año, viví con los otros esclavos y, aun así, no pude convertirme en uno de ellos. Un día, Sira me preguntó:

—Al anochecer, cuando los esclavos pueden reunirse y disfrutar de la compañía de los otros, ¿por qué tú te quedas sentado solo en tu tienda?

Y a esto, respondí:

—Estoy meditando lo que me dijiste. Me pregunto si tengo alma de esclavo. Y como no puedo unirme a ellos, debo permanecer alejado.

—Yo también debo permanecer alejada —me confesó—. Mi dote fue generosa y por eso mi amo se casó conmigo. Sin embargo, no me desea. Toda mujer anhela ser deseada. Debido a esto, y a que soy estéril y no tengo ni hijo ni hija, debo permanecer alejada. Si fuera hombre, preferiría morir antes de convertirme en esclavo, pero las costumbres de nuestra tribu de todas formas esclavizan a las mujeres.

—¿Qué piensas de mí ahora? —le pregunté de repente—. ¿Tengo alma de hombre libre o de esclavo?

—¿Deseas pagar las justas deudas que tienes en Babilonia? —contestó, eludiendo mi pregunta.

—Sí, eso deseo, pero no veo cómo hacerlo.

—Si solo te resignas y dejas que pasen los años sin esforzarte en pagar, entonces tienes el alma despreciable de un esclavo. El hombre que no se respeta a sí mismo no puede ser otra cosa, y ninguno que no pague sus deudas puede respetarse.

—Pero ¿qué puedo hacer si solo soy un esclavo en Siria?

—Continúa siendo esclavo en Siria, hombre débil.

—No soy un hombre débil —respondí muy molesto.

—Pruébalo.

—¿Cómo?

—¿Acaso tu gran rey no lucha contra sus enemigos de todas las maneras posibles y con toda la fuerza que posee? Tus deudas son tus enemigos y te expulsaron de Babilonia. Las dejaste solas y se volvieron demasiado fuertes para ti. De haber luchado contra ellas como hombre, las habrías vencido y la gente de tu ciudad te habría honrado. Pero no tuviste el alma necesaria para enfrentarlas y, mira ahora: tu orgullo se ha desplomado tanto que ahora eres esclavo en Siria.

Medité mucho respecto a sus insensibles acusaciones y pensé en diversas frases ofensivas para demostrarle que no era un esclavo de verdad. Pero no tendría la oportunidad de proferirlas ante ella. Tres días después, la sirvienta de Sira me llevó ante su ama.

—Mi madre está muy enferma de nuevo —me dijo—. Ensilla a los dos mejores camellos del rebaño de mi esposo. Cárgalos con sacos de cuero para agua y sillas para un largo viaje. La sirvienta te dará alimentos en la tienda de cocina.

Preparé a los camellos y me sorprendí al ver la cantidad de provisiones que la sirvienta me dio, porque la madre de Sira vivía a menos de un día de camino. La sirvienta montó el camello de atrás y yo guie al de mi ama. Cuando llegamos a la casa de su madre todo se veía oscuro. Sira le dijo a la sirvienta que saliera y luego se dirigió a mí.

—Dabasir, ¿tienes alma de hombre libre o de esclavo?

—Tengo alma de hombre libre —insistí.

—Ha llegado tu oportunidad de probarlo. Tu amo bebió demasiado y sus jefes están adormilados. Llévate estos camellos y escapa. En este saco encontrarás prendas de tu amo para que puedas disfrazarte. Yo diré que robaste los camellos y que huiste mientras yo visitaba a mi madre enferma.

—Tienes el alma de una reina —le dije a Sira—. Desearía profundamente brindarte felicidad.

—La felicidad —me respondió— no es para la esposa que huye y que la busca en tierras lejanas y entre extraños. Ve solo y que los dioses del desierto te protejan: el camino es largo y hostil, no hay alimentos ni agua.

No necesité que insistiera, pero le agradecí de corazón y desaparecí en medio de la noche. Aunque no conocía esta tierra extraña y solo tenía una idea vaga de la dirección que debía seguir para llegar a Babilonia, atravesé el desierto con valentía y me dirigí a las colinas. Monté uno de los camellos y al otro lo guie. Viajé toda la noche y todo el día siguiente animado por la idea del terrible destino que les esperaba a los esclavos que robaban la propiedad de sus amos y trataban de escapar.

Ese día, más tarde, llegué a una región tan estéril e inhabitable como el desierto. Las puntiagudas rocas hirieron las patas de mis fieles camellos, así que no pasó mucho tiempo antes de que empezaran a andar con lentitud y adoloridos. No encontré ni hombre ni bestia, pero comprendí por qué evitaban aquella tierra tan hostil.

A partir de entonces el viaje se convirtió en una travesía que pocos hombres vivirían para contar. Avanzamos con dificultad durante días. El agua y los alimentos se terminaron. El calor del sol era inclemente. Al final del noveno día me caí de la montura y tuve la sensación de que estaba demasiado débil para volver a montar al camello, de que moriría perdido en aquella olvidada región.

Me extendí sobre la tierra y me quedé dormido, no desperté sino hasta el primer resplandor del día siguiente.

Entonces me senté y miré a mi alrededor. El aire matinal se sentía fresco. Mis camellos yacían abatidos cerca de ahí. Me rodeaba el baldío de un país quebrantado, cubierto de rocas, arena y espinas. No había señal de agua ni de alimento para un hombre ni para sus camellos.

¿Acaso en aquella quietud me esperaba el final de mi vida? Mi mente tenía más claridad que nunca. Mi cuerpo ahora parecía carecer de importancia. Mis labios sangrantes y secos, mi lengua sedienta e inflamada, mi estómago vacío: todos habían perdido su suprema agonía del día anterior.

Miré hacia la inhóspita distancia y, una vez más, volvió a mí la pregunta: «¿Tengo alma de esclavo o de hombre libre?». Entonces comprendí con claridad que si tenía el alma de un esclavo debería rendirme, quedarme tirado en el desierto y morir: un final adecuado para un fugitivo.

En cambio, si tenía el alma de un hombre libre, ¿qué sucedería? Por supuesto, me obligaría a volver a Babilonia, le pagaría a la gente que confió en mí, le brindaría felicidad a una esposa que me amara de verdad, y paz y alegría a mis padres.

«Tus deudas son tus enemigos y te expulsaron de Babilonia», me había dicho Sira, y tenía razón. ¿Por qué no me comporté con decisión, como un hombre de verdad? ¿Por qué permití que mi esposa volviera al hogar de su padre?

Entonces sucedió algo muy extraño. Me pareció que todo el mundo tenía un tono distinto, como si hasta ese momento lo hubiera estado mirando a través de una gema de color que de pronto alguien moviera. Y entonces pude ver, por fin, los verdaderos valores de la vida.

¡Morir en el desierto! ¡No, no yo! Con mi nueva visión vi lo que tenía que hacer. En primer lugar, regresaría a Babilonia y enfrentaría a cada uno de los hombres con quienes tenía deudas pendientes. Les diría que, después de años de vagar y de sufrir infortunios, había vuelto para pagarles tan pronto como los dioses me lo permitieran. Después construiría una casa para mi esposa y me convertiría en un hombre del que mis padres estarían orgullosos.

Mis deudas eran mis enemigas, pero los hombres a los que les debía me habían brindado su amistad al confiar y creer en mí.

Me puse de pie tambaleándome. ¿Qué importaba el hambre? ¿Qué importaba la sed? Eran solo incidentes en el camino de vuelta a Babilonia. En mi interior surgió el alma de un hombre libre que regresaba para conquistar a sus enemigos y compensar a sus amigos. Me emocionó mucho sentir la fuerza de mi determinación.

Los vidriosos ojos de mis camellos se iluminaron al escuchar el nuevo tono en mi ronca voz. Después de muchos intentos, y haciendo un gran esfuerzo, lograron levantarse. Con una perseverancia lastimera empezaron a avanzar hacia el norte, por donde algo en mi interior me decía que llegaríamos a Babilonia.

Encontramos agua y pasamos hacia una región más fértil en la que había prados y frutos. También encontramos el sendero a Babilonia porque el alma de un hombre libre ve la vida como una serie de problemas y los resuelve, en tanto que el alma del hombre esclavizado solo se queja: «¿Qué puedo hacer si solo soy un esclavo?».

—¿Qué hay de ti, Tarkad? ¿El estómago vacío ayuda a que tu mente vea con claridad extrema? ¿Estás preparado para tomar el camino que lleva de vuelta al respeto por uno mismo? ¿Puedes ver el mundo del color que es en realidad? ¿Tienes el deseo de pagar tus deudas sin importar cuántas sean y de volver a ser un hombre respetable en Babilonia?

Los ojos del joven se humedecieron antes de que se arrodillara con ansia.

—Me has mostrado una visión. Ya siento surgir en mi interior el alma de un hombre libre.

—Pero ¿cómo te fue cuando volviste? —preguntó con interés uno de los oyentes.

—*Donde hay determinación, siempre es posible encontrar el camino* —contestó Dabasir—. Ahora tenía determinación, así que partí para encontrar una vía. Primero visité a todos los hombres a los que les debía y les supliqué que fueran indulgentes conmigo hasta que pudiera ganar lo necesario para pagarles. La mayoría me recibió con gusto. Algunos me insultaron, pero otros ofrecieron ayudarme. De hecho, uno me brindó precisamente la asistencia que necesitaba. Fue Mathon, el prestamista de oro. Cuando supo que había sido cuidador de camellos en Siria me envió a ver al viejo Nebatur, un mercader a quien el rey acababa de encargarle que comprara rebaños de camellos sanos para la gran expedición. Con Nebatur pude darle buen uso a mi conocimiento sobre estas bestias. Poco a poco pude pagar cada moneda de cobre y de plata que debía. Luego, por fin, pude levantar la cabeza en alto y sentir que era una persona honorable entre la gente.

Dabasir volvió a mirar su comida.

—¡Oye, Kauskor, cocinero lento! —gritó para que lo escucharan en la cocina—. La comida está fría. Dame más carne recién rostizada y también trae una porción abundante para Tarkad, hijo de mi viejo amigo. Este joven tiene hambre y comerá conmigo.

Así termina la historia de Dabasir, el comerciante de camellos de la vieja Babilonia. Este hombre encontró su alma en cuanto comprendió una gran verdad, una verdad que hombres sabios de tiempos anteriores también conocían y usaron.

La verdad de la que hablo ha sacado de dificultades a hombres de todas las edades, los ha conducido al éxito y lo seguirá haciendo con quienes tengan la sabiduría necesaria para entender su magia. Esta verdad la puede usar cualquier hombre que lea estas líneas:

> **DONDE HAY DETERMINACIÓN,**
> **SIEMPRE ES POSIBLE ENCONTRAR EL CAMINO**

LAS TABLILLAS DE ARCILLA DE BABILONIA

ST. SWITHIN'S COLLEGE
Nottingham University
Newark-on-Trent, Nottingham

21 de octubre de 1934

Profesor Franklin Caldwell,
guía de la expedición científica británica,
Hilla, Mesopotamia.

Estimado profesor:

Las cinco tablillas de arcilla de su reciente excavación en las ruinas de Babilonia llegaron en el mismo barco que su carta. Mi fascinación no tiene fin, he pasado muchas horas agradables traduciendo las inscripciones. Debí responder su carta de inmediato, pero decidí esperar hasta completar las traducciones que encontrará adjuntas.

Las tablillas llegaron sin daño alguno gracias a que usted utilizó sustancias conservadoras y un excelente embalaje.

Creo que la historia que cuentan lo sorprenderá tanto como a nosotros en el laboratorio. Uno espera que el oscuro y distante pasado hable de romance y aventura. Como *Las mil y una noches*, ya sabe. Pero como, en lugar de eso, las tablillas revelan los problemas que tuvo un hombre llamado Dabasir para pagar sus deudas, es posible darse cuenta de que, en cinco mil años, las condiciones de este viejo mundo no han cambiado tanto como uno esperaría.

Es raro, ¿sabe? Estas antiguas inscripciones me «piran», como dicen los estudiantes. Como profesor universitario, se supone que soy un ser humano pensante que posee conocimientos prácticos de una buena cantidad de materias. Sin embargo, de repente llega este hombre milenario salido de las polvorosas ruinas de Babilonia, y me ofrece un consejo que yo nunca había escuchado, con el que su supone que podré pagar mis deudas y, al mismo tiempo, adquirir oro que tintinee en mi cartera.

Qué agradable noción, pienso. Sería interesante ver si en la actualidad funcionaría tan bien como en la antigua Babilonia. La señora Shrewsbury y yo planeamos poner en marcha este plan con nuestros asuntos personales, los cuales podríamos mejorar en muchos sentidos.

Le deseo la mejor de las suertes en su valioso proyecto y espero con ansia otra oportunidad de ayudarlo.

Cordialmente,

Alfred H. Shrewsbury
Departamento de Arqueología

Tablilla uno

Ahora que la luna se muestra llena, yo, Dabasir, tras regresar de la esclavitud en Siria con la decisión de pagar todas mis deudas y de convertirme en un hombre de medios y digno de respeto en mi ciudad nativa de Babilonia, punzaré aquí, sobre la arcilla, un registro permanente de mis asuntos para guiarme y ayudarme en el camino a cumplir mis más caros deseos.

Bajo el sabio consejo de mi buen amigo Mathon, el prestamista de oro, estoy decidido a seguir con exactitud un plan que él mismo me dio y que me dijo que servía para que cualquier hombre honorable saliera de deudas y comenzara a respetarse a sí mismo.

Este plan incluye tres propósitos que forman mi esperanza y deseo.

En primer lugar, el plan provee lo necesario para que yo tenga prosperidad en el futuro.

Por lo tanto, apartaré la décima parte de todo lo que gane y me permitiré guardarlo para mí mismo, porque Mathon habló con sabiduría cuando dijo:

«El hombre que guarda en su saco oro y plata que no necesita gastar, es bueno con su familia y leal a su rey.

»El hombre que solo tiene unas cuantas monedas de cobre en su saco es indiferente a su familia y a su rey.

»Pero el que no tiene nada en su saco maltrata a su familia y es desleal a su rey porque su corazón está lleno de amargura.

»Por todo esto, el hombre que desea triunfar deberá tener monedas que tintinen y que pueda guardar en su saco, para que en su corazón haya amor para su familia y lealtad para su rey».

En segundo lugar, el plan implica que deberé mantener y vestir a mi buena esposa, quien por lealtad regresó a mí de casa de su padre. Porque Mathon dice que cuidar bien a una esposa fiel llena de respeto el corazón de un hombre y les añade fuerza y determinación a sus propósitos.

Por lo tanto, siete décimos de todo lo que gane los usaré para proveer un hogar, vestido y alimentos, dejando un poco para gastos adicionales y para que a nuestra vida no le haga falta placer y disfrute. Mathon me ha recomendado, sin embargo, no usar más de siete décimos de lo que gano para cubrir estos sagrados propósitos: en ello radica el éxito del plan. Debo vivir con esa porción y nunca usar ni comprar nada más que no pueda pagar con ella.

Tablilla dos

En tercer lugar, el plan prevé que mis deudas sean pagadas con el dinero que gano.

Por lo tanto, cada vez que llegue la luna llena tomaré dos décimos de todo lo que haya ganado y los repartiré de manera justa y honorable entre quienes han confiado en mí y aquellos a quienes les debo. De esta manera todas mis deudas serán pagadas a tiempo.

Para este propósito, aquí grabaré el nombre de cada uno de los hombres con los que tengo deudas, así como el monto real de las mismas.

Fahru, el tejedor de telas, 2 monedas de plata, 6 monedas de cobre.

Sinjar, el fabricante de colchones, 1 moneda de plata.

Ahmar, mi amigo, 3 monedas de plata, 1 moneda de cobre.

Zankar, mi amigo, 4 monedas de plata, 7 monedas de cobre.

Harinsir, el joyero, 6 monedas de plata, 2 de cobre.

Diarbeker, el amigo de mi padre, 4 monedas de plata, 1 de cobre.

Alkahad, el dueño de mi casa, 14 monedas de plata.

Mathon, el prestamista de oro, 9 monedas de plata.

Birejik, el campesino, 1 moneda de plata, 7 monedas de cobre.

(A partir de aquí, la escritura se ha borrado y no puede ser descifrada.)

Tablilla tres

A estos acreedores les debo un total de 190 monedas de plata y 141 monedas de cobre. Como debía pagar estas sumas, pero no encontré la manera de hacerlo, cometí una locura y permití que mi esposa volviera a la casa de su padre. Luego abandoné mi ciudad natal y busqué riqueza fácil en otro lugar, pero solo encontré desgracias, fui vendido y terminé en la degradación de la esclavitud.

Ahora que Mathon me ha enseñado cómo pagar mis deudas con pequeñas cantidades tomadas de mis ganancias, me doy cuenta de cuán grande fue mi locura al huir del resultado de mis extravagantes gastos.

Por esta razón he visitado a mis acreedores y les he explicado que, excepto por mi capacidad de ganar dinero, no tengo recursos para pagarles, pero que planeo usar dos décimas partes de todo lo que gane para pagar lo que debo de una manera equitativa y honesta. Puedo pagar solo esto, no más. Si son pacientes conmigo, en algún tiempo podré devolverles todo lo que me prestaron.

Ahmar, a quien consideraba mi mejor amigo, me insultó con amargura, por lo que tuve que decirle adiós sintiéndome humillado. Birejik, el campesino, me pidió que le pagara a él antes que a los otros porque necesitaba ayuda de manera urgente. Alkahad, el dueño de mi casa, se comportó de forma desagradable e insistió en que, a menos de que le pagara todo lo que le debía, me causaría problemas.

Los demás hombres aceptaron de buena gana mi propuesta. Por eso ahora estoy más decidido que nunca a cumplir. Estoy convencido de que es más sencillo pagar las deudas que evitarlas. A pesar de que no puedo cumplir las exigencias de algunos de mis acreedores, los trataré a todos de la misma manera.

Tablilla cuatro

La luna vuelve a mostrarse en todo su esplendor. He trabajado arduamente y mantenido mi mente libre. Mi amada esposa ha apoyado mi intención de pagarles a mis acreedores. Gracias a nuestra sabia decisión, la venta de camellos de aliento sano y buenas patas que he efectuado para Nebatur me ha permitido ganar diecinueve monedas de plata.

Dividí estas monedas de acuerdo con mi plan. Reservé la décima parte para mí mismo, tomé siete décimos y, con la ayuda de mi esposa, los dividí para pagar nuestros gastos. Los dos décimos restantes los dividí entre mis acreedores de la manera más equitativa que me permitieron las monedas de cobre.

A Ahmar no pude verlo en persona, pero le dejé el pago a su esposa. Birejik estaba tan complacido que besó mi mano. El viejo Alkahad se mostró enojado y me dijo que debía pagarle más rápido. A esto contesté que, si me permitieran estar bien alimentado y sin preocupaciones, podría pagar con mayor prontitud. Todos los demás me agradecieron y alabaron mi esfuerzo.

Al final de una luna solamente, mis deudas se redujeron cuatro monedas de plata y, además, pude conservar dos monedas para mí, dos monedas que ningún hombre puede reclamar. Mi corazón no se había sentido tan ligero en mucho tiempo.

La luna vuelve a brillar de lleno. He trabajado con ahínco, pero no he tenido mucho éxito, solo he podido comprar algunos camellos. Solo he ganado once monedas de plata, pero mi amada esposa y yo nos hemos apegado al plan a pesar de que no hemos podido adquirir nuevos ropajes y de que hemos comido vegetales principalmente. Volví a pagarnos la décima parte de las once monedas y vivimos con los siete décimos. Me sorprendió que Ahmar elogiara mi pago a pesar de lo modesto que fue. También Birejik lo alabó. Alkahad se encolerizó, pero cuando le dije que podía devolverme su porción si no la deseaba, se tranquilizó. Los otros se mostraron contentos como la vez anterior.

La luna vuelve a brillar en todo su esplendor y yo me siento regocijado. Intercepté un buen rebaño de camellos, compré varios en buen estado y, gracias a ello, mi ganancia ascendió a cuarenta y dos monedas de plata. Esta luna, mi mujer y yo compramos sandalias y vestimentas que necesitábamos mucho. También cenamos bien, carne y aves de corral.

Les hemos pagado a nuestros acreedores más de ocho monedas de plata, incluso Alkahad estuvo contento y no protestó.

Este plan es grandioso, nos ayuda a pagar la deuda y nos ofrece una riqueza propia que podemos conservar.

Han pasado tres lunas desde la última vez que puncé en esta tablilla. En cada ocasión me he pagado la décima parte de todo lo que gano. Aunque a veces ha sido difícil, en cada ocasión mi fiel esposa y yo hemos cubierto nuestros gastos con siete décimos. Y en cada ocasión les he pagado dos décimos a mis acreedores.

En mi saco ahora tengo veinticinco monedas de plata que me pertenecen. Esto ha hecho que levante la cabeza, que me mantenga erguido y que me sienta orgulloso de caminar entre mis amigos.

Mi esposa se hace cargo de nuestro hogar y usa vestidos que lucen hermosos en ella. Estamos contentos de vivir juntos.

Este plan tiene un valor inefable: ha logrado convertir a un antiguo esclavo en un hombre honorable.

Tablilla cinco

La luna brilla de nuevo y recuerdo que ha pasado mucho tiempo desde que empecé a punzar la arcilla.

Doce lunas han ido y venido, pero no seré negligente ni abandonaré mi registro porque hoy pagué la última de mis deudas. Hoy es el día en que mi fiel esposa y yo nos sentimos agradecidos y celebraremos con un gran banquete haber cumplido nuestro propósito.

En la última visita a mis acreedores sucedieron cosas que recordaré por mucho tiempo. Ahmar me suplicó que lo perdonara por haberme hablado de una manera ofensiva, y me dijo que, de entre todos los hombres, yo era a quien más le gustaría conservar como amigo.

El viejo Alkahad no es tan malo después de todo, me dijo:

«Alguna vez fuiste una pieza de arcilla suave a la que cualquiera podía presionar y moldar con la mano, pero ahora eres una moneda de bronce capaz de ser constante. Si alguna vez llegas a necesitar plata u oro, ven a visitarme».

Sin embargo, él no fue el único que me alabó, hubo otros que me hablaron con deferencia. Mi fiel esposa me miró con ese brillo en los ojos de una mujer que hace que un hombre recobre la confianza en sí mismo.

Es el plan lo que me ha ayudado a tener éxito. Me permitió pagar todas mis deudas y escuchar el tintineo de monedas de oro y plata en mi saco. Se lo recomiendo a todos los que deseen intentarlo porque, si a un antiguo esclavo le permitió pagar sus deudas y tener oro, ¿no podrá ayudarle a cualquier hombre a alcanzar su independencia? Yo no he terminado aún porque estoy convencido de que, si continúo aplicándolo, me convertirá en un hombre rico.

ST. SWITHIN'S COLLEGE
Nottingham University
Newark-on-Trent, Nottingham

7 de noviembre de 1936.

Profesor Franklin Caldwell, guía de la expedición británica científica,
Hillah, Mesopotamia.

Estimado profesor:

Si en sus subsecuentes excavaciones en las ruinas de Babilonia llegara a encontrar el fantasma de un antiguo residente, un viejo vendedor de camellos llamado Dabasir, hágame un favor: dígale que las escrituras que realizó hace tanto tiempo en aquellas tablillas de arcilla le han ganado la gratitud eterna de un par de académicos en Inglaterra.

LAS TABLILLAS DE ARCILLA DE BABILONIA

Tal vez recuerde que hace un año le escribí y le expliqué que la señora Shrewsbury y yo planeábamos aplicar este plan para salir de deudas y obtener oro. Como ya habrá adivinado, incluso tratamos de ocultarles a nuestros amigos lo desesperada que era nuestra situación.

Durante años nos sentimos humillados por la cantidad de antiguas deudas que teníamos, y vivimos preocupados en extremo por la posibilidad de que los comerciantes iniciaran algún escándalo que me obligara a dejar la universidad. Continuamente pagábamos con cada chelín que podíamos reservar de nuestros ingresos, pero no era suficiente para ponernos al día. Además, nos veíamos forzados a realizar todas nuestras compras en lugares donde nos dieran un poco más de crédito sin importar que esto implicara pagar productos de un costo más elevado.

La situación devino en uno de esos círculos viciosos que solo empeoran. Nuestra lucha era inútil, tampoco podíamos mudarnos a un lugar menos costoso porque le debíamos dinero al casero. Parecía que no había nada que pudiéramos hacer para mejorar nuestra situación.

De pronto llegó nuestro antiguo conocido, el viejo comerciante de camellos de Babilonia, quien trajo consigo un plan para hacer justo lo

161

que queríamos lograr. Nos animó de inmediato a seguir sus consejos. Hicimos una lista de todas nuestras deudas, y luego se la llevé a todas las personas a quienes les debíamos.

Les expliqué que me resultaba imposible pagar siquiera las cosas que íbamos necesitando, era algo que podían ver por sí mismos en las cifras de la lista. Luego les dije que la única manera en que creía que podría liquidar mis deudas era apartando mensualmente el veinte por ciento de mis ingresos para dividirlos *pro rata*, y que con eso podría pagarles todo lo que les debía en poco más de dos años. Les expliqué que, mientras tanto, solo compraríamos en efectivo y les daríamos el beneficio de seguir comprando y pagar de contado.

Nuestros acreedores se comportaron con mucha gentileza. El tendero, un hombre viejo y sabio, lo articuló de una manera que nos ayudó a convencer a los demás: «Si todo lo que compren lo pagan y, además, abonan un poco de lo que me deben, será mejor que antes porque en tres años no me han dado nada».

A continuación, escribí los nombres de todos mis acreedores en un acuerdo en el que se comprometieron a no molestarnos mientras les pagáramos de manera regular con el veinte por ciento de nuestros ingresos. Luego empezamos a diseñar una estrategia para subsistir con el setenta por ciento de este. Estábamos decididos a guardar el diez por ciento adicional para escucharlo tintinear en nuestros bolsillos. La idea de poseer plata, o incluso oro, nos atraía muchísimo.

Era como correr una aventura para lograr el cambio que necesitábamos. Disfrutamos del proceso de solucionar esta dificultad o aquella, y de vivir con comodidad con el setenta por ciento restante. Empezamos con la renta y obtuvimos un descuento considerable. Luego nos enfocamos en las marcas de té y productos similares, y tuvimos la grata sorpresa de que, con frecuencia, era posible conseguir calidad superior a menor precio.

El recuento es demasiado largo para una misiva, pero, por alguna razón, no nos resultó difícil. Nos las arreglamos y lo hicimos con gozo. Qué alivio fue ya no sentirnos acosados por las antiguas deudas pendientes.

Pero no debo olvidar contarle sobre el diez por ciento adicional que, supuestamente, tintinearía en nuestros bolsillos. Pues tintineó, aunque solo por algún tiempo. ¡Pero no se ría demasiado pronto! Esta es la parte más interesante: la verdadera diversión radica en comenzar a acumular dinero que uno no desea gastar. Resulta más divertido administrar el excedente que gastarlo.

Después de permitir que el dinero tintineara para alegrar nuestros corazones, le encontramos un uso más rentable. Nos involucramos en una inversión en la que podíamos pagar diez por ciento al mes. Esta es la parte más agradable de nuestra recuperación, es lo primero que hemos podido pagar con mi salario.

Saber que nuestra inversión crece de manera constante nos proporciona una gratificante sensación de seguridad. Para cuando termine mi carrera como profesor, la inversión deberá haber producido una suma cómoda y suficiente para que el ingreso nos permita mantenernos a partir de entonces.

Todo esto es producto de mi salario de siempre. Es difícil de creer, pero es totalmente cierto. Nuestras deudas se están pagando de manera gradual y, al mismo tiempo, nuestra inversión aumenta. Además, nos las arreglamos en el aspecto económico incluso mejor que antes. ¿Quién pensaría que los resultados de seguir un plan financiero y los de solo dejarse llevar por la corriente serían tan distintos?

Para finales del próximo año, cuando todas nuestras antiguas facturas estén pagadas, tendremos más dinero para añadir a nuestra inversión y nos sobrará algo para viajar. Estamos decididos a no volver a permitir que nuestros gastos excedan el setenta por ciento de nuestros ingresos.

Ahora podrá entender por qué nos gustaría hacerle llegar un agradecimiento personal al hombre cuyo plan nos salvó del «infierno en la tierra».

Él lo entendía bien porque había pasado por todo eso. Quería que otros se beneficiaran de sus amargas experiencias, por eso pasó tantas horas de tedio grabando su mensaje en la arcilla.

Dabasir tenía un mensaje para quienes sufrían igual que él, un mensaje tan importante, que incluso cinco mil años después surgió de entre las ruinas de Babilonia, tan verdadero y esencial como el día que quedó enterrado.

Atentamente,

Alfred H. Shrewsbury
Departamento de Arqueología

EL HOMBRE
MÁS AFORTUNADO
DE BABILONIA

Sharru Nada, el príncipe mercader de Babilonia, montaba orgulloso al frente de su caravana. Le gustaban las telas finas y usaba túnicas costosas que lo hacían lucir espléndido. Le agradaban los animales de calidad y montaba con facilidad su animoso semental árabe. Al verlo lucir así, era difícil adivinar que tenía una edad avanzada y, ciertamente, nadie habría sospechado que algo le estaba preocupando.

El viaje desde Damasco es largo, y el desierto ofrece muchas dificultades que a él no le importaban. Las tribus árabes eran feroces y estaban ansiosas por saquear caravanas cargadas de riquezas. A Sharru Nada tampoco le atemorizaba eso porque sus numerosos grupos de guardias montados le brindaban protección.

Lo que le preocupaba era el joven que viajaba a su lado desde que salió de Damasco. Era Hadan Gula, nieto de Arad Gula, su socio durante años. Sharru Nada tenía una deuda de gratitud con Arad que nunca podría pagar, sin embargo, ahora le gustaría hacer algo por su nieto, pero cuanto más pensaba cómo ayudarle, más difícil parecía la situación debido a la forma de ser del joven.

Al ver los anillos y aretes del muchacho, pensó: «A pesar de que tiene el fuerte rostro de su abuelo, cree que los hombres pueden usar joyas. Además, Arad no usaba túnicas tan llamativas. Y, a pesar de todo, le pedí que viniera porque tenía la esperanza de poder ayudarlo y alejarlo del desastre que produjo su padre con su herencia».

Hadan Gula interrumpió sus pensamientos.

—¿Por qué trabajas siempre con tanto ahínco y diriges tu caravana en viajes tan prolongados? ¿Nunca tomas algo de tiempo para disfrutar de la vida? —preguntó el joven.

Sharru Nada sonrió y le devolvió sus mismas palabras:

—¿Qué harías tú para disfrutar de la vida si fueras Sharru Nada?

Hadan Gula volvió a la carga:

—Si mi riqueza fuera igual a la tuya, viviría como príncipe y nunca atravesaría el ardiente desierto montando un camello. Gastaría los séqueles en cuanto llegaran a mi saco. Usaría las túnicas más finas y las joyas más singulares. Me gustaría tener una vida así, una vida que valiera la pena vivir.

Ambos hombres rieron.

—Tu abuelo no usaba joyas —agregó Sharru Nada sin pensarlo mucho, y luego continuó en tono de broma—: ¿Tú nunca te tomas algo de tiempo para trabajar?

—El trabajo fue creado para los esclavos —respondió Hadan Gula.

Sharru Nada se mordió el labio, pero no contestó. Continuó montando en silencio hasta que el camino los condujo a una pendiente. Al llegar ahí jaló las riendas de su montura y señaló el valle verde a lo lejos.

—Mira, ahí está el valle. Mira más lejos y podrás contemplar las casi imperceptibles murallas de Babilonia. La torre es el Templo de Bel. Si tus ojos son agudos, podrías incluso ver el humo que produce el fuego eterno en la cima.

—Entonces, ¿esa es Babilonia? Siempre he anhelado ver la ciudad más rica del mundo —dijo Hadan Gula—. Babilonia, el lugar donde mi abuelo comenzó su fortuna. Si continuara vivo, no estaríamos en estos aprietos.

—¿Por qué desear que su espíritu permanezca en la tierra más tiempo del que le fue asignado? Tú y tu padre pueden continuar realizando el excelente trabajo que el comenzó.

—¡De ninguna manera! Ninguno de los dos tiene su don. Ni mi padre ni yo conocemos su secreto para atraer séqueles de oro.

Sharru Nada no agregó nada, solo jaló las riendas de nuevo y continuó avanzando meditabundo por el sendero hacia el valle. Detrás de ellos venía la caravana rodeada de una polvareda de arena rojiza. Poco después llegaron a la gran vía de los reyes y giraron hacia el sur, cruzando por las granjas irrigadas.

Tres ancianos que araban la tierra atrajeron la atención de Sharru Nada; le parecieron conocidos. *¡Qué ridículo! No es posible pasar por un campo cuarenta años después y ver a los mismos hombres arándolo*, pensó. Sin embargo, algo en su interior le decía que eran ellos. Uno sostenía el arado con incertidumbre, mientas los otros trabajaban con ahínco junto a los bueyes, golpeándolos con sus varas para obligarlos a seguir jalando, pero sin éxito.

¡Cómo envidiaba a esos hombres cuarenta años antes! ¡Con cuánto gusto habría cambiado su lugar por el de ellos! Y ahora, qué diferente era la situación. Miró hacia atrás con orgullo y vio su caravana, los camellos y burros elegidos con esmero, cargados de valiosos bienes de Damasco. Y todo esto no era más que una parte de todas sus posesiones.

Señaló a los campesinos y dijo:

—Siguen arando el mismo campo de hace cuarenta años.

—Eso parece, pero ¿por qué crees que son los mismos campesinos?

—Porque los vi ahí —contestó Sharru Nada.

Los recuerdos pasaron con rapidez por su mente. ¿Por qué no podía enterrar el pasado y vivir en el presente? En ese momento vio el sonriente rostro de Arad Gula como si se tratara de una pintura, y la barrera entre él y el cínico muchacho se disolvió.

¿Cómo ayudar a un joven tan superior a controlar su tendencia al despilfarro y sus enjoyadas manos? A los trabajadores con buena disposición podía ofrecerles numerosos empleos, pero no tenía nada para los hombres que se consideraban demasiado valiosos para trabajar. Y, sin embargo, tenía una deuda con Arad Gula y, si hacía algo, tendría que ser un acto con empeño, no solo un tibio intento. Él y Arad Gula nunca hicieron las cosas así, no eran ese tipo de hombres.

De repente se le ocurrió un plan. Había algunas objeciones y tendría que considerar su propia situación y la de su familia. Sería cruel, lastimaría. Pero como era un hombre que tomaba decisiones con rapidez, hizo caso omiso de las objeciones y eligió actuar.

—¿Te interesaría escuchar la forma en que tu venerable abuelo y yo formamos un vínculo que resultó sumamente rentable? —le preguntó al joven.

—¿Por qué no mejor solo me cuentas cómo hicieron los séqueles de oro? Es lo único que necesito saber —dijo el joven, eludiendo la oferta.

Sharru Nada ignoró la respuesta y continuó hablando.

—Comenzamos con esos campesinos que están arando la tierra. Yo no era más grande que tú. Cuando se acercó la columna de hombres con quienes yo marchaba, el buen Megiddo, otro campesino, se burló de la manera descuidada en que trabajaban. Megiddo venía encadenado a mi lado.

—Mira a esos holgazanes —dijo quejándose—: el que sostiene el arado no hace ningún esfuerzo por cavar profundamente, y los que golpean a los bueyes en el surco, tampoco. ¿Cómo esperan recolectar una buena cosecha si no aran de la forma correcta?

—¿Dijiste que Megiddo estaba encadenado a ti? —preguntó Hadan Gula sorprendido.

—Sí, con collares de bronce en nuestro cuello y una pesada cadena que nos unía. Junto a él estaba Zabado, el ladrón de ovejas, a quien conocí en Haroun. Al final se encontraba un hombre al que le decíamos Pirata porque no nos quiso decir cómo se llamaba. Imaginamos que era hombre de mar, porque en el pecho tenía tatuadas dos serpientes entrelazadas como las que llevan los marineros. Las columnas estaban organizadas de tal forma que los hombres caminaban en grupos encadenados de cuatro.

—¿Estabas encadenado como esclavo? —preguntó Hadan Gula con incredulidad.

—¿Tu abuelo no te contó que fui esclavo?

—Hablaba con frecuencia de ti, pero nunca mencionó ese detalle.

—Era un hombre al que se le podían confiar los secretos más íntimos. En ti también puedo confiar, ¿no es cierto? —dijo Sharru Nada mirando al joven directo a los ojos.

—Puedes confiar en mi silencio, pero estoy asombrado. Cuéntame cómo terminaste siendo esclavo.

Sharru Nada se encogió de hombros.

—Cualquier hombre puede terminar siéndolo. La casa de apuestas y la cerveza de cebada fue lo que me trajo esa desgracia. Fui víctima de los errores de mi hermano, quien mató a su amigo durante una riña. Mi padre, desesperado por evitar que mi hermano fuera juzgado, me entregó a la viuda. Como no pudo reunir la plata necesaria para liberarme, ella se encolerizó y me vendió al comerciante de esclavos.

—¡Qué vergüenza! ¡Qué injusticia! —dijo Hadan Gula—. Pero cuéntame, ¿cómo recobraste tu libertad?

—Ya llegaremos a esa parte, pero no aún. Continuemos con mi historia. Cuando pasamos junto a ellos, los campesinos se mofaron de nosotros. Uno se quitó el maltratado sombrero que traía e hizo una reverencia mientras gritaba: «Bienvenidos a Babilonia, invitados del rey. Los está esperando en las murallas de la ciudad. Ahí tendrá lugar el banquete: ladrillos de lodo y sopa de cebolla». Y al escucharlo, los otros dos rieron a carcajadas.

Pirata se encolerizó y empezó a insultarlos.

—¿Qué quieren decir esos hombres con que el rey nos espera en las murallas? —le pregunté.

—Los esclavos caminan hasta las murallas de la ciudad cargando ladrillos hasta que se les rompe la espalda.

También te pueden azotar hasta matarte antes de que se te quiebre. Pero a mí no me golpearán porque los mataré si se atreven.

Entonces intervino Megiddo:

—No me parece lógico hablar de amos que azotan a esclavos de buena disposición y diligentes hasta matarlos. A los amos les gustan los esclavos trabajadores y los tratan bien.

—¿Quién quiere trabajar con ahínco? —preguntó Zabado—. Esos campesinos son hombres sabios, no se están quebrando la espalda, solo fingen que sí.

—Uno no puede avanzar holgazaneando —exclamo Megiddo—. Cualquier amo sabe que arar una hectárea equivale a una buena jornada de trabajo, y que cuando solo aras la mitad es porque fuiste perezoso. Yo no soy perezoso, a mí me gusta trabajar con ahínco porque el trabajo es mi mejor amigo. Me ha brindado todo lo bueno que tengo: mi granja, las vacas, las cosechas, todo.

—Sí, ¿y dónde está todo eso ahora? —preguntó Zabado burlándose—. Supongo que vale más la pena ser astuto y sobrevivir sin trabajar. Ya verás, fíjate en mí, si nos venden en las murallas, acarrearé los sacos de agua o haré alguna labor sencilla, mientras tú te romperás el lomo cargando ladrillos porque te gusta trabajar —dijo el esclavo riéndose tontamente.

Esa noche el miedo se apoderó de mí y no pude dormir. Permanecí cerca de la soga de los guardias y, cuando los otros se quedaron dormidos, le hice una señal a Godoso, encargado de la primera guardia. Era uno de esos árabes forajidos, el tipo de granuja que pensaba que, si te robaba el saco de monedas, también debía rebanarte el cuello.

—Dime, Godoso —susurré—, ¿al llegar a Babilonia nos venderán en las murallas?

—¿Por qué quieres saber? —me preguntó con cautela.

—¿Acaso no entiendes? —pregunté suplicante—. Soy joven y deseo vivir. No quiero que me exploten o que me azoten hasta matarme en las murallas. ¿Existe la posibilidad de que me compre un amo benevolente?

Godoso susurró su respuesta:

—Te diré algo: eres un buen individuo, no me causas dificultades. La mayoría de las veces vamos primero al mercado de esclavos. Ahora escucha: cuando lleguen los compradores diles que eres buen trabajador, que te agradaría trabajar con ahínco para un amo clemente. Convéncelos de que te compren porque, de lo contrario, al día siguiente empezarás a cargar ladrillos, y es una tarea brutal.

El guardia se alejó y yo me quedé recostado sobre la arena tibia mirando las estrellas en el cielo y pensando en el trabajo. Lo que dijo Megiddo, que el trabajo era su mejor amigo, me hizo preguntarme si a mí me podría suceder lo mismo. Si me ayudara a salir de esa situación, sin duda sería así.

Cuando Megiddo se despertó le conté las buenas noticias. Fue como un rayo de sol que brilló para nosotros mientras caminamos hacia Babilonia. Esta tarde nos acercamos a las murallas y pudimos ver las filas de hombres como hormigas negras escalando y bajando por inclinados caminos diagonales. Cuando estuvimos más cerca nos asombró ver a miles de hombres trabajando. Algunos cavaban el foso y otros mezclaban tierra para formar los ladrillos de lodo. La gran mayoría los cargaba en grandes canastos por los inclinados senderos para llevárselos a los albañiles*.

Los capataces maldecían a quienes se rezagaban y azotaban en la espalda con sus látigos de ternero a los que no podían mantenerse en la fila. Muchos individuos miserables y fatigados se tambaleaban y caían bajo el peso de sus pesadas canastas sin poder levantarse de nuevo. Si el látigo no era suficiente para hacerlos ponerse

---

* Las famosas obras de la antigua Babilonia, sus murallas, templos, jardines colgantes y grandes canales fueron realizadas por esclavos, principalmente prisioneros de guerra. Esto explica el trato inhumano que recibían. Esta fuerza laboral también incluía a muchos ciudadanos de Babilonia y sus provincias que fueron vendidos como esclavos porque cometieron crímenes o porque tuvieron dificultades económicas. No era raro que los hombres se ofrecieran a sí mismos, a sus esposas o incluso a sus hijos, como garantía de pago de préstamos, documentos legales u otras obligaciones. En caso de no poder cumplir con estos, la persona ofrecida en garantía era vendida como esclava.

de pie, lo empujaban hacia un lado del camino y los dejaban retorciéndose en agonía. Poco después rodarían hacia abajo y terminarían junto a otros débiles cuerpos, a un lado del camino. Ahí esperarían a ser enterrados en tumbas sin bendecir. Este espantoso panorama me hizo estremecerme: era lo que le esperaba al padre de mi hijo si fracasaba en el mercado de esclavos.

Godoso no mintió. Nos condujeron hasta las puertas de la ciudad, por donde entramos a la prisión de esclavos. A la mañana siguiente caminamos hasta las jaulas en el mercado. Ahí, el resto de los hombres se apiñaron temerosos, y solo los látigos del guardia pudieron obligarlos a moverse para que los compradores los examinaran. Megiddo y yo hablamos con todos los hombres que nos permitieron dirigirles la palabra.

Pirata empezó a quejarse y el mercader de esclavos trajo a unos soldados de la guardia del rey que lo golpearon de una forma brutal. Cuando se lo llevaron sentí lástima por él.

Megiddo tenía la sensación de que nos separaríamos pronto. Durante un momento en que no hubo ningún comprador cerca, me habló con sinceridad para plasmar en mi recuerdo lo importante que me sería el trabajo en el futuro: «Algunos hombres lo odian, lo convierten en su enemigo, pero es mejor tratarlo como a un amigo. Haz que te agrade, que no te importe lo arduo que es. Si piensas en la sólida y fuerte casa que construiste, ¿a quién le importa si las vigas son pesadas o si el pozo está lejos y es necesario acarrear agua para el yeso? Prométeme, muchacho, que si consigues un amo trabajarás para él con todo tu empeño. Si no aprecia lo que haces, no te inquietes. Recuerda que el trabajo bien hecho le hace bien al hombre que lo realiza, que lo vuelve un mejor hombre». Dejó de hablar en cuanto un fornido campesino se acercó al corral y nos observó con ojo crítico.

Megiddo le preguntó respecto a su granja y sus cultivos y, en poco tiempo, lo convenció de que le sería valioso. Tras negociar agresivamente con el comerciante de esclavos, el campesino sacó un grueso saco de entre sus ropajes y unos instantes después vi a mi compañero seguir a su nuevo amo y desaparecer.

A lo largo de la mañana vendieron a algunos hombres más. Al mediodía, Godoso me dijo en secreto que el comerciante estaba molesto y que no se quedaría otra noche, que al atardecer se llevaría a todos los que quedaran a ver al comprador del rey. Yo comenzaba a desesperarme, pero en ese momento un hombre ancho y bonachón caminó hasta la muralla y preguntó si entre nosotros había un panadero.

Me acerqué y le dije: «¿Por qué un buen panadero como usted necesitaría uno con habilidades inferiores? ¿No sería mejor transmitirle su especializado conocimiento a un hombre dispuesto a aprender? Míreme, soy joven y fuerte, y me gusta trabajar. Deme una oportunidad y me esforzaré al máximo para hacer llegar oro y plata a su saco».

Mi disposición impresionó tanto al panadero, que empezó a negociar con el comerciante, quien no me había notado desde que me compró, pero ahora se mostraba elocuente respecto a mis habilidades, mi buen estado de salud y mi disposición. Me sentí como un corpulento buey siendo vendido al carnicero. Para mi buena fortuna, el trato se cerró poco después, y seguí a mi nuevo amo sintiéndome el hombre más afortunado de Babilonia.

Mi nuevo hogar me agradó mucho. Nana-naid, mi amo, me enseñó a triturar la cebada en el cuenco de piedra que estaba en el patio, a encender el fuego en el horno y a moler harina de sésamo hasta dejarla finísima para las tortas de miel. Tenía un catre en el cobertizo donde el panadero almacenaba el grano. Swasti, la anciana encargada de los esclavos, me alimentaba bien y se sentía complacida de que le ayudara con las tareas pesadas.

Ahí encontré lo que tanto había anhelado: la oportunidad de mostrar que era valioso para mi amo y, con suerte, de hallar la manera de obtener mi libertad.

Le pedí a Nana-naid que me enseñara a amasar y hornear el pan. Contento de ver mi disposición, me enseñó con gusto. Más adelante, cuando pude hornear bien, le pedí que me enseñara a hacer las tortas de miel y, poco después, ya me encargaba de hornear todo. A mi amo le daba gusto tener tiempo libre, pero Swasti sacudía la cabeza en señal de desaprobación. «No tener trabajo es malo para cualquier hombre», decía.

Sentí que había llegado el momento de planear la manera de empezar a ganar monedas para comprar mi libertad. Se me ocurrió que Nana-naid no tendría inconveniente en dejarme trabajar por las tardes, cuando hubiéramos terminado de hornear todo el pan. Pensé que podría encontrar una labor rentable y que mi amo estaría de acuerdo en compartir conmigo lo que le hiciera ganar. Entonces tuve la idea de hornear más tortas de miel y venderlas a los hombres hambrientos en las calles de la ciudad.

Le presenté mi plan a Nana-naid de la siguiente manera:

—Si después de hornear pudiera usar mis tardes para hacerte ganar monedas, ¿no sería justo que las compartieras conmigo para que tuviera dinero propio y pudiera comprar las cosas que todo hombre desea y necesita?

—Me parece justo, muy justo —admitió.

Cuando le conté de mi plan para vender nuestras tortas de miel pareció complacido.

—Esto es lo que haremos —me propuso—: las venderás a dos por un centavo y me darás la mitad de todos los centavos que ganes para que yo pueda pagar la harina, la miel y la leña para hornearlas. Luego dividiremos el resto en partes iguales y podrás conservar la tuya.

Me sentí muy contento al escuchar su generosa oferta: podría quedarme con un cuarto de todo lo que vendiera. Esa noche trabajé hasta tarde, fabriqué una charola para exhibir las tortas. Nana-naid me dio una de sus túnicas usadas para que luciera bien, y Swasti me ayudó a remendarla y lavarla.

Al día siguiente horneé una tanda adicional de tortas de miel y las coloqué en la charola: se veían doradas y apetecibles. Luego salí a la calle y anuncié a gritos la mercancía que ofrecía. Al principio me desanimé porque nadie parecía interesado, pero continué gritando y, un poco más tarde, a los hombres les dio hambre y empecé a vender las tortas. Poco después, mi charola estaba vacía.

Nana-naid estaba complacido con mi éxito y me pagó con gusto mi parte. Yo estaba encantado de poseer algunos centavos. Megiddo tenía razón cuando dijo que un amo apreciaba el trabajo de sus esclavos. Estaba tan emocionado por mi éxito que esa noche no pude dormir y la pasé haciendo cálculos de cuánto podría ganar en un año y de cuántos años necesitaría ahorrar para comprar mi libertad.

Continué saliendo todos los días con mi charola de tortas de miel y empecé a tener clientes regulares. Uno de ellos fue justamente Arad Gula, tu abuelo. Era mercader de alfombras y les vendía a las amas de casa. Iba de un extremo de la ciudad al otro acompañado de un burro cargado de alfombras y de un esclavo que lo cuidaba.

Tu abuelo me compraba dos tortas de miel para él y dos para su esclavo, y siempre se retrasaba por quedarse a platicar un poco conmigo mientras ambos comían.

Un día, me dijo algo que nunca olvidaré. «Me gustan tus tortas de miel, muchacho, pero me gusta aún más la enjundia con que las ofreces. Ese espíritu te puede llevar lejos».

—¿Acaso logras entender, Hadan Gula, lo mucho que pueden significar estas palabras de aliento para un joven esclavo solo en la gran ciudad que se esfuerza al máximo para escapar de la humillación en que vive?

Pasaron los meses y continué añadiendo centavos a mi saco. De pronto, empezó a pesar de una forma muy agradable en mi cinturón. El trabajo parecía ser mi mejor amigo, justo como Megiddo me lo anunció. Yo estaba contento, pero Swasti se preocupaba.

—Me asusta que el amo pase tanto tiempo en las casas de apuestas —decía.

Un día, tuve la gran alegría de encontrarme con mi amigo Megiddo en la calle. Iba guiando a tres burros cargados de verduras y se dirigía al mercado. «Me va muy bien —me contó—. Mi amo aprecia mi trabajo y ahora soy capataz. Verás, el amo me confía la venta y, además, hará traer a mi familia. El trabajo me ayuda a recuperarme de mis grandes dificultades. Algún día también me permitirá comprar mi libertad y volver a poseer una granja propia».

El tiempo pasó y Nana-naid cada vez esperaba con más ansia mi regreso después de vender. Me esperaba y, en cuanto yo llegaba, contaba el dinero presuroso y repartía nuestras ganancias. También me pidió que buscara otros mercados y que aumentara mis ventas.

A menudo salía por las puertas de la ciudad para venderles a los capataces de los esclavos que construían las murallas. Yo detestaba volver a ver esos desagradables panoramas, pero los capataces compraban en abundancia. Un día me sorprendió ver a Zabado formado para llenar su canasta de ladrillos. Se veía demacrado y andaba encorvado, tenía la espalda cubierta de ronchas y llagas por los azotes de los capataces. Sentí lástima por él. Le di una torta y se la metió a la boca de golpe como animal hambriento. Al ver la codicia en sus ojos corrí antes de que me arrebatara la charola.

«¿Por qué trabajas con tanto empeño?», me preguntó Arad Gula un día. Una pregunta muy parecida a la que me hiciste tú hoy, ¿recuerdas? Le conté lo que Megiddo me había dicho respecto al trabajo y la manera en que este probó ser mi mejor amigo. Le mostré con orgullo mi saco lleno de centavos y le expliqué que estaba ahorrando para comprar mi libertad.

—¿Qué harás cuando seas libre? —me preguntó.

—Mi plan es convertirme en mercader —dije.

Y entonces él me confió algo que yo jamás habría imaginado.

—Tú no lo sabes, pero yo también soy esclavo. Tengo un acuerdo con mi amo.

—Espera un momento —interrumpió Hadan Gula—, no pienso escuchar mentiras sobre mi abuelo. Él no fue esclavo —agregó con mirada colérica.

Sharru Nada se mantuvo tranquilo.

—Lo admiro por superar la mala fortuna y convertirse en un ciudadano de importancia en Damasco. Tú, su nieto, ¿no estás hecho con el mismo molde? ¿Eres suficientemente hombre para enfrentar los hechos o prefieres vivir creyendo falsedades?

Hadan Gula se enderezó sobre su silla de montar y, con una voz que trataba de reprimir su gran emoción, dijo:

—Todos amaban a mi abuelo, realizó una gran cantidad de buenas acciones. Cuando nos afectó la hambruna, ¿no usó su oro para comprar grano en Egipto? ¿Y no lo trajo su caravana a Damasco para distribuirlo entre la gente para que nadie se muriera de hambre? Y ahora tú vienes a decir que no fue más que un esclavo despreciado en Babilonia.

—Si hubiera continuado siendo esclavo en Babilonia, entonces lo habrían despreciado, pero gracias a su esfuerzo se convirtió en un gran hombre en Damasco. Entonces los dioses dieron fin a su mala fortuna y lo honraron con respeto —dijo Sharru Nada.

—Después de confesarme que era esclavo me explicó lo mucho que anhelaba obtener su libertad. Ahora que tenía suficiente dinero para comprarla, no estaba seguro de lo que debía hacer. Ya no estaba vendiendo tanto, y temía perder el apoyo de su amo.

»Me molestó su indecisión: "No te aferres a tu amo. Recobra la sensación de ser un hombre libre y actúa en consecuencia. ¡Triunfa como tal! Decide qué es lo que quieres hacer, y el trabajo te ayudará a lograrlo" —le dije. Entonces se fue, pero no sin hacerme saber que le agradaba que lo hubiera hecho avergonzarse de su cobardía.*

Un día volví a salir a las puertas y me sorprendió encontrar a una gran multitud. Cuando le pregunté a un hombre qué sucedía, me dijo: "¿No te has enterado? Un esclavo que escapó y mató a uno de los guardas del rey fue juzgado y hoy lo van a azotar hasta matarlo para que pague su crimen. Incluso el rey estará presente".

Había tanta gente cerca de la plataforma donde azotarían al esclavo que me dio miedo acercarme. Temí que la gente me hiciera tirar mi charola de tortas de miel. Por eso, preferí escalar la muralla sin terminar para ver

---

* Aunque nos pueda parecer inconsistente, las costumbres de los esclavos en la antigua Babilonia estaban estrictamente reguladas por la ley. Por ejemplo, un esclavo podía poseer bienes de cualquier tipo, incluso podía tener esclavos sobre los que su amo no tenía derechos. Los esclavos se podían casar con personas libres. Los hijos de madres libres también lo eran. La mayor parte de los comerciantes de la ciudad eran esclavos, pero muchos tenían acuerdos con sus amos y poseían riqueza propia.

a la gente desde arriba. Tuve la suerte de ver al mismísimo Nabucodonosor cuando pasó en su carruaje dorado. Nunca había visto tanta grandeza ni túnicas o cortinajes de oro y terciopelo.

No pude ver los azotes, pero alcancé a escuchar los alaridos del pobre esclavo. Me pregunté cómo era posible que un hombre tan noble como nuestro espléndido rey soportaría ser testigo de tanto sufrimiento, pero cuando vi que reía y bromeaba con los nobles, supe que era un hombre cruel y comprendí por qué les exigían tareas inhumanas a los esclavos que construían las murallas.

Cuando el esclavo murió, dejaron su cuerpo colgando de un poste al que ataron su pierna para que todos pudieran verlo. La multitud empezó a dispersarse y decidí acercarme. En el velludo pecho del hombre vi el tatuaje de dos serpientes entrelazadas. Era Pirata.

La siguiente vez que me encontré a Arad Gula noté que era un hombre nuevo. Me saludó lleno de entusiasmo: "Mira, el esclavo que alguna vez conociste ahora es un hombre libre. Tus palabras fueron mágicas. Mis ventas y mis ganancias están aumentando. Mi esposa está feliz. Es una mujer libre, sobrina de mi amo, y desea que nos mudemos a una nueva ciudad en la que nadie sepa que alguna vez fui esclavo. Nadie podrá reprocharles a mis hijos la mala fortuna de su padre. El trabajo se ha convertido en mi mayor ayuda, me permitió recobrar la confianza y la habilidad de vender".

Me sentí profundamente feliz de haber podido pagarle, aunque fuera de manera modesta, el ánimo que me había infundido.

Tiempo después, Swasti se acercó a mí por la tarde. Estaba muy angustiada.

—Tu amo se encuentra en problemas y tengo miedo de lo que le pueda pasar. Hace algunos meses perdió mucho en las mesas de juego. No le ha pagado al campesino ni el grano ni la miel. No le ha pagado al prestamista tampoco. Ambos están molestos y lo amenazaron.

—¿Por qué debería preocuparnos su estupidez? No somos sus cuidadores —respondí sin pensarlo mucho.

—Joven tonto, no entiendes. El amo le dio al prestamista tu título para que le hiciera un préstamo. De acuerdo con la ley, el prestamista puede reclamarte y venderte. No sé qué hacer, es un buen amo, ¿pero por qué pasa esto? ¿Por qué ha caído en dificultades?

Los temores de Swasti no eran infundados. A la mañana siguiente, cuando horneaba el pan, llegó el prestamista acompañado de un hombre al que llamó Sasi. El hombre me miró y dijo que le serviría.

El prestamista no esperó a que regresara mi amo, solo le indicó a Swasti que le dijera que me había tomado. Luego me apresuró y tuve que dejar mi tarea sin terminar y acompañarlo, llevando conmigo solamente la túnica que vestía y el saco que colgaba de mi cinturón.

Me alejaron de mis anhelos más caros de la misma forma en que el huracán arranca al árbol del bosque y lo lanza al agitado mar. Una vez más, una casa de apuestas y la cerveza de cebada eran la causa de mi desgracia. Sasi era un hombre rudo y hosco. Mientras me llevaba por la ciudad, le hablé del buen trabajo que había hecho para Nana-naid y le dije que esperaba poder hacer lo mismo por él, pero su respuesta no me infundió ánimo.

—No me agrada este trabajo. A mi amo tampoco. El rey le dijo que me enviara a construir una sección del Gran Canal.

El amo le dijo a Sasi que comprara más esclavos, que trabajara mucho y terminara pronto. Bah, ¿cómo puede un hombre terminar rápido una tarea inmensa?

Imagina un desierto en donde no hay árboles, solo arbustos y el sol ardiendo con tal furia que el agua en nuestras cantimploras se calentó y no pudimos beberla. Ahora imagina hileras de hombres descendiendo a una excavación profunda y cargando pesadas canastas de tierra por senderos blandos y polvorosos, desde el amanecer hasta el anochecer. Imagina alimentos servidos en abrevaderos abiertos de los que teníamos que servirnos como si fuéramos puercos. No teníamos tiendas ni paja para hacer camas. Esa fue la situación en que me encontré de repente, así que enterré mi saco en un sitio marcado y me pregunté si algún día volvería a verlo.

Al principio trabajé con buena voluntad, pero a medida que pasaron los meses mi espíritu comenzó a quebrantarse. Luego la fiebre causada por el calor se apoderó de mi agotado cuerpo. Perdí el apetito y no podía comer ni el cordero ni las verduras. Por la noche daba vueltas y la infelicidad me impedía dormir.

En medio de mi miseria me pregunté si el plan de Zabado no habría sido mejor, holgazanear y evitar quebrarse la espalda trabajando. Pero luego recordé la última vez que lo vi y supe que no. Su plan no era bueno.

Pensé en Pirata, en su amargura, y me pregunté si habría sido mejor luchar y matar. Pero el recuerdo de su cuerpo ensangrentado me recordó que su plan también era inútil.

Luego recordé la última vez que vi a Megiddo. Tenía las manos llenas de callos por trabajar sin cesar, pero su corazón se sentía ligero, y en su rostro se adivinaba la felicidad. El suyo era el mejor plan.

Yo estuve dispuesto a trabajar como Megiddo. Él no habría podido esforzarse más que yo. Entonces, ¿por qué mi labor no me trajo felicidad y éxito? ¿Fue el trabajo lo que le dio a él felicidad, o la felicidad y el éxito dependen de los dioses? ¿Tendría que trabajar el resto de mi vida sin obtener lo que deseaba? ¿Sin alcanzar la felicidad y el éxito? En mi mente daban vueltas todas estas preguntas, pero no tenía la respuesta. Solo me sentía profundamente confundido.

Varios días después, cuando me pareció estar al límite de mi resistencia y aún sin respuestas, Sasi envió por mí. Un mensajero de mi amo había venido para llevarme de vuelta a Babilonia. Desenterré mi saco, me cubrí con los harapos que quedaban de mi túnica e inicié el viaje.

Mientras montábamos, la imagen del huracán lanzándome de un lado a otro continuó dando vueltas en mi afiebrada cabeza. Me parecía estar viviendo lo que narraba un peculiar canto de Harroun, mi pueblo natal:

Un hombre asolado como torbellino,
moviéndose como tormenta,
en una dirección imposible de seguir,
con un destino imposible de predecir.

¿Estaría destinado a ser siempre castigado por algo de lo que no tenía idea? ¿Qué nuevas miserias y desilusiones me esperaban?

Imagina mi sorpresa cuando, al entrar por el patio de la casa de mi amo, vi a Arad Gula esperándome. Me ayudó a desmontar y me abrazó como si fuera un hermano perdido mucho tiempo atrás.

Yo lo habría seguido como un esclavo sigue a su amo, pero él no me lo permitió. Me rodeó con el brazo y dijo:

—Te he buscado por todos lados. Cuando estaba a punto de perder la esperanza, conocí a Swasti y ella me contó sobre el prestamista, quien me condujo a tu noble dueño. Tuvimos una acalorada negociación y me hizo pagar un precio excesivo por ti, pero lo vales. Tu filosofía y tu ímpetu han sido mi inspiración para este nuevo éxito.

—Es la filosofía de Megiddo, en realidad —aclaré.

—Es de Megiddo y tuya también. Gracias a ambos ahora vamos a Damasco porque necesito que seas mi socio. Verás, ¡dentro de poco serás un hombre libre! —exclamó, sacando en ese momento de entre su túnica la tablilla de arcilla que contenía mi título. La levantó por encima de su cabeza y, al lanzarla contra el empedrado, la rompió en mil pedazos que luego pisó con alegría hasta pulverizarlos.

Mis ojos se llenaron de lágrimas de gratitud. Entonces supe que era el hombre más afortunado de Babilonia.

Esta historia prueba que, en mi momento de mayor aflicción, el trabajo fue mi mejor amigo. Mi disposición a trabajar evitó que me vendieran a las pandillas de esclavos en las murallas. También impresionó a tu abuelo lo suficiente para que me hiciera su socio.

Entonces Hadan Gula preguntó:

—¿El secreto de mi abuelo para hacer séqueles de oro fue el trabajo?

—Era la única clave que tenía cuando lo conocí —contestó Sharru Nada—. Tu abuelo disfrutaba trabajar. Los dioses apreciaron su esfuerzo y lo recompensaron de manera abundante.

—Comienzo a entender —dijo Hadan Gula en tono reflexivo—. El trabajo atrajo el éxito y a los muchos hombres que admiraban su esfuerzo. El trabajo fue lo que le hizo ganarse los honores que recibió en Damasco. Su labor le aportó todo aquello que apruebo. Y yo que pensaba que el trabajo era solo para los esclavos.

—La vida les ofrece a los hombres muchísimos placeres que disfrutar —dijo Sharru Nada—. Cada uno tiene su lugar. Me agrada que el trabajo no sea solo para los esclavos porque, si así fuera, me vería privado de mi mayor placer. Disfruto de muchas de las cosas que hago, pero nada ocupa el lugar del trabajo.

Sharru Nada y Hadan Gula continuaron montando bajo la sombra de las altas murallas hasta llegar a las colosales puertas de bronce de Babilonia. Al acercarse, los guardias se pusieron, de un salto, en posición de firmes y saludaron con respeto al honorable ciudadano. Orgulloso, con la cabeza en alto, Sharru Nada guio su larga caravana a través de las puertas y hacia las calles de la ciudad.

—Siempre he deseado ser un hombre como mi abuelo —le confesó Hadan Gula—, pero hasta ahora no sabía qué tipo de hombre era. Tú me lo has hecho saber. Ahora entiendo, lo admiro más y me siento aún más decidido a ser como él. Temo que nunca podré pagarte el haberme brindado la verdadera clave del éxito. A partir de hoy la usaré, comenzaré con humildad como él. Esta actitud coincide más con mi papel verdadero que las joyas y las vestimentas lujosas.

Y, al decir esto, Hadan Gula se quitó las enjoyadas baratijas de las orejas y los anillos de los dedos. Jaló las riendas de su caballo, esperó un poco y montó con profundo respeto detrás del líder de la caravana.

ESBOZO HISTÓRICO
DE BABILONIA

En las páginas de la historia no hay ciudad más glamorosa que Babilonia. Su nombre conjura visiones de riqueza y esplendor. El oro y las joyas de sus tesoros eran fabulosos. Por todo esto, resultaría natural imaginar una ciudad así de rica ubicada en un lugar apropiado y desbordante de lujo tropical; rodeada de recursos naturales como bosques y minas. Sin embargo, ese no era el caso. Babilonia se encontraba junto al río Éufrates, en un valle plano y árido. No tenía bosques ni minas, ni siquiera piedra para construir. Tampoco estaba ubicada junto a una ruta natural de comercio, e incluso la lluvia era insuficiente para el cultivo.

Babilonia es un ejemplo de la capacidad del hombre de lograr objetivos extraordinarios usando solo los recursos a su disposición. Todas las fuentes que sustentaron a esta gran ciudad fueron desarrolladas por sus habitantes, y toda su riqueza fue producto de su labor.

Babilonia solo contaba con dos recursos naturales: tierra fértil y agua del río. Gracias a una de las proezas de ingeniería más asombrosas de todos los tiempos, los ingenieros babilonios desviaron las aguas del Éufrates a través de presas y de inmensos canales de irrigación que cruzaban el árido valle para verter el agua en la tierra fértil. Este sistema de irrigación es uno de los primeros hitos de ingeniería conocidos de la historia, y su recompensa fue la inusitada cantidad de cosechas que produjo.

Afortunadamente, durante su prolongada existencia Babilonia fue gobernada por líneas sucesivas de reyes para quienes las conquistas y el saqueo solo fueron actividades secundarias. A pesar de haberse involucrado en muchas guerras, la mayoría fueron locales o para defenderse de ambiciosos conquistadores de otras naciones que codiciaban sus fabulosos tesoros. Los extraordinarios gobernantes de Babilonia han perdurado en la historia debido a su sabiduría, sus grandes proyectos y su sistema legislativo. Babilonia no produjo monarcas arrogantes y egoístas que quisieran conquistar el mundo conocido para que todas las naciones les rindieran tributo.

Babilonia ya no existe como ciudad. Cuando se retiró la vigorosa fuerza humana que la construyó y la mantuvo viva durante miles de años, se convirtió en ruinas desiertas. El sitio arqueológico se encuentra en Asia, a unos mil kilómetros al este del canal de Suez, y al norte del golfo Pérsico. Su latitud es alrededor de treinta grados por encima de la línea ecuatorial, casi la misma de Yuma, Arizona, y tenía un clima similar al de esta ciudad estadounidense: caluroso y seco.

Este valle del Éufrates, que alguna vez fue un populoso distrito de granjas con sistema de irrigación, ha vuelto a ser una tierra árida y expuesta a los fuertes vientos. La poca hierba y los escasos matorrales desérticos se esfuerzan por sobrevivir a las tormentas de arena. Ya no existen los campos fértiles, las ciudades monumentales ni las largas caravanas cargadas de mercancías. Desde el inicio de la era cristiana los únicos habitantes son grupos nómadas de árabes que tratan de ganarse la vida cuidando modestos rebaños.

Durante siglos, los viajeros pensaron que los montículos que aún quedaban desperdigados eran colinas de arcilla, sin embargo, los arqueólogos finalmente se sintieron atraídos al encontrar en ellos fragmentos de porcelana y ladrillos que aparecieron tras ocasionales tormentas. Entonces se enviaron expediciones financiadas por museos europeos y estadounidenses para excavar y ver qué encontraban. Poco después, los picos y las palas probaron que las colinas eran ciudades antiguas. Tumbas urbanas, podría decirse.

Babilonia era una de ellas. Durante unos veinte siglos, los vientos esparcieron arenas del desierto sobre la ciudad. Como fue construida con ladrillos, los muros exteriores se desintegraron y se convirtieron de nuevo en tierra. Eso es ahora Babilonia, eso es hoy la otrora ciudad de abundante riqueza. Un montículo de tierra abandonado desde hace tanto tiempo que nadie conoció su nombre sino hasta que fue descubierta, hasta que retiraron meticulosamente los escombros que durante siglos cayeron en sus calles, hasta que fueron encontradas las ruinas de sus nobles templos y palacios.

Muchos científicos consideran que la civilización de Babilonia y de otras ciudades del valle es la más antigua de la que se tienen registros precisos.

Las fechas prueban que existía hace 8000 años, sin embargo, los medios con que se determinaron resultan aún más interesantes. En las ruinas de Babilonia se encontraron al descubierto descripciones de un eclipse de sol. Los astrónomos modernos hicieron cálculos de inmediato para averiguar cuándo ocurrió este fenómeno visto en Babilonia y así establecieron la correlación entre el calendario de esa civilización y el nuestro.

De esta manera se probó que hace 8000 años los sumerios de Babilonia vivieron en ciudades amuralladas, pero los cálculos respecto a desde cuántos siglos antes existían estas ciudades son meras conjeturas. Sus habitantes no eran simples bárbaros que se protegían con murallas, eran gente culta y educada. Según los registros históricos, fueron los primeros ingenieros, astrónomos, matemáticos y expertos financieros, y también fueron el primer pueblo en tener un lenguaje escrito.

Anteriormente se mencionaron los sistemas de irrigación que transformaron el árido valle en un paraíso de la agricultura. Aunque se encuentran llenos de la arena acumulada, aún es posible ver rastros de los canales. Algunos eran tan amplios que, estando vacíos, habría sido posible cabalgar doce caballos colocados lado a lado. De hecho, es posible compararlos con los canales más grandes de Colorado y Utah.

Además de irrigar las tierras del valle, los ingenieros babilonios completaron otro proyecto de una magnitud similar a la de los canales. A través de un complejo sistema de drenaje pudieron recuperar una inmensa área pantanosa en las bocas del Éufrates y el Tigris, la cual también usaron para el cultivo.

Heródoto, el viajero e historiador griego, visitó Babilonia en su época de mayor esplendor y nos dejó la única descripción conocida realizada por un extranjero. Sus textos nos ofrecen una exposición gráfica de la ciudad e información sobre las singulares costumbres de su gente. Heródoto menciona la notable fertilidad de la tierra y las abundantes cosechas de trigo y cebada que esta producía.

La gloria de Babilonia se ha desvanecido, pero aún conservamos su sabiduría gracias a la manera en que registraban los sucesos. En aquel tiempo aún no se inventaba el papel, por lo que la gente escribía con grandes dificultades punzando tablillas de arcilla húmeda. Cuando terminaban las metían al horno para transformarlas en mosaicos rígidos que medían aproximadamente 15 por 20 centímetros, y tenían un grosor de 2.5.

Estas tablillas de arcilla, como se les conoce de manera general, se usaban más o menos de la misma manera que nosotros usamos los métodos actuales de escritura. En ellas se grababan leyendas, poesía, historia, transcripciones de decretos reales, leyes, títulos de propiedad, pagarés e incluso cartas entregadas que los mensajeros hacían llegar a ciudades lejanas. Gracias a estas tablillas hemos podido conocer los asuntos íntimos de la gente. Por ejemplo, una tablilla que perteneció a los registros de un tendero cuenta que, en cierta fecha, un cliente trajo una vaca y la cambió por siete sacos de trigo, de los cuales tres se entregaron al momento, y los otro cuatro quedaron pendientes hasta que el cliente diera órdenes.

En las ruinas de las ciudades, los arqueólogos han encontrado enterradas y recuperado bibliotecas completas con cientos de miles de este tipo de tablillas.

Uno de los portentos más notables de Babilonia eran las inmensas murallas que la rodeaban, y que los antiguos comparaban con la gran pirámide de Egipto: una de las siete maravillas del mundo. A la reina Semiramis se le atribuye haber erigido las originarias murallas en la primera etapa histórica de la ciudad, pero los excavadores modernos no han podido encontrar rastros de estas, y nadie sabe de cierto cuán altas eran. Gracias a ciertas menciones de los primeros escritores, se calcula que medían entre 15 y 20 metros de altura, y se sabe que en la parte exterior estaban cubiertas con una protección de ladrillos quemados y de profundos fosos llenos de agua.

Las murallas más tardías y famosas las comenzó a construir el rey Nabopolasar alrededor de 600 años antes de la era de Cristo. La reconstrucción que planeaba era de tal escala, que no vivió para ver las obras acabadas. Esta tarea quedó pendiente para su hijo, Nabucodonosor, uno de los nombres que aparecen con frecuencia en la historia bíblica.

La altura y la longitud de las murallas construidas en esta etapa son asombrosas. Fuentes acreditadas reportan que medían unos 50 metros de alto, el equivalente de un edificio de oficinas moderno de quince pisos. Asimismo, se estima que la longitud total era de entre 15 y 18 kilómetros. La cima era tan amplia que era posible manejar alrededor un carruaje jalado por seis caballos. Queda muy poco de esta tremenda estructura, solo parte de los cimientos y del foso. Además del deterioro causado por los elementos naturales, los árabes completaron su destrucción cuando empezaron a extraer los ladrillos para usarlos en construcciones en otros lugares.

Asimismo, los ejércitos victoriosos de casi todos los conquistadores de aquella época marcharon contra las murallas de Babilonia. Toda una serie de reyes la asediaron, pero nunca tuvieron éxito. Los ejércitos invasores de aquella época no debían ser tomados a la ligera. Los historiadores hablan de unidades de 10 000 jinetes, 25 000 cuadrigas, 1200 regimientos con 1000 soldados de a pie cada uno. A menudo se requería de dos o tres años de preparación para organizar los materiales de guerra y los depósitos de alimentos a lo largo de la línea de marcha propuesta. Babilonia estaba organizada de una forma muy parecida a la de las ciudades modernas. Había calles y tiendas, los vendedores ofrecían sus mercancías en los distritos residenciales, los sacerdotes oficiaban en templos magníficos. En el interior de la ciudad había un recinto para los palacios reales, y se cuenta que las murallas que lo rodeaban eran más altas que las de la ciudad.

Los babilonios tenían habilidades artísticas entre las cuales se cuentan la escultura, la pintura, el tejido, la orfebrería en oro y la manufactura de armas de metal e implementos agrícolas. Sus joyeros creaban piezas sumamente artísticas. Se han recuperado muchas muestras de las tumbas de los ciudadanos adinerados, las cuales se exhiben ahora en los principales museos del mundo.

En una etapa muy temprana, cuando el resto del mundo seguía tirando árboles a hachazos o cazando y luchando con flechas y arcos con punta de pedernal, los babilonios usaban hachas, lanzas y flechas con puntas de metal.

También eran astutos estrategas financieros y comerciantes. Por lo que sabemos, fueron los inventores del dinero como medio de intercambio, de los pagarés y de los títulos de propiedad escritos.

A Babilonia no ingresaron ejércitos hostiles sino hasta 540 antes de Cristo, y aun entonces, las murallas no fueron capturadas. La historia de la caída de Babilonia es bastante inusual. Ciro, uno de los grandes conquistadores de la época, planeaba atacarla y esperaba apoderarse de sus impenetrables murallas. Los asesores de Nabonido, rey de Babilonia, lo persuadieron de avanzar y librar una batalla con Ciro sin esperar a que la ciudad fuera sitiada. Tras su subsecuente derrota, el ejército babilonio tuvo que huir, y Ciro entró por las puertas y tomó posición sin enfrentar resistencia de ningún tipo.

A partir de entonces el poder y el prestigio de la ciudad fueron menguando de manera gradual durante varios siglos hasta que quedó abandonada, y el viento y las tormentas la redujeron a la altura de la tierra desértica desde la que se erigió originalmente su grandeza. Babilonia sucumbió para no levantarse nunca más, pero la civilización le debe mucho.

Infinidades de tiempo convirtieron en polvo las altivas murallas de sus templos, pero su sabiduría aún perdura.

EPÍLOGO
Unas palabras de James Clear

EL LIBRO EN TRES FRASES

Ahorra al menos el 10 por ciento de todo lo que ganes y no confundas tus gastos necesarios con tus deseos. Trabaja duro para mejorar tus aptitudes y asegurarte unas rentas futuras, porque la riqueza es el resultado de un flujo de ingresos fiable. No podrás alcanzar la plenitud del éxito hasta que aplastes al espíritu de la procrastinación que llevas dentro.

RESUMEN DE
EL HOMBRE MÁS RICO DE BABILONIA

Este es mi resumen del libro *El hombre más rico de Babilonia*, de George S. Clason. Estas anotaciones tienen un carácter informal y a menudo contienen citas del libro, así como mis propios pensamientos. Este resumen también incluye lecciones claves y pasajes importantes del libro.

> » Las siete sencillas reglas del dinero: 1) Empieza a engordar tu cartera: ahorra. 2) Controla tus gastos: no gastes más de lo que necesitas. 3) Haz que tu oro se multiplique: invierte sabiamente. 4) Protege tus tesoros de las pérdidas: evita las inversiones que parecen demasiado buenas para ser ciertas. 5) Haz que tu morada sea una inversión provechosa: sé el propietario de tu casa. 6) Asegúrate unas rentas futuras: protégete con un seguro de vida. 7) Incrementa tu capacidad de ganar dinero: esfuérzate por ser más sabio y tener más conocimientos.

» Para hacer realidad tus sueños y deseos, debes tener éxito con el dinero.

» Las leyes del dinero son como las de la gravedad: seguras e inmutables.

» El dinero es abundante para aquellos que entienden las sencillas leyes de ganar dinero.

» Babilonia era la ciudad más rica del mundo en la época de su apogeo porque sus habitantes apreciaban el valor del dinero.

» Debes tener una renta constante que mantenga tu cartera llena.

» No cuesta nada pedir un consejo sabio a un buen amigo.

» Es fácil decirlo, pero muchas personas nunca alcanzan un nivel considerable de riqueza porque en ningún momento lo buscan. Nunca lo buscan de verdad, no se centran en ello ni tampoco se comprometen.

» Los jóvenes acostumbran a suponer, erróneamente, que la sabiduría de los ancianos y los sabios se limita a los días del pasado.

» Solo empezarás a construir tu riqueza cuando empieces a darte cuenta de que una parte de todo el dinero que ganas es tuya y debes quedártela. Es decir, págate a ti mismo primero. Siempre pagas a los demás por bienes y servicios. Págate a ti mismo todo lo que puedas. Ahorra dinero.

» Deberías ahorrar al menos una décima parte de lo que ganas. Y más aún si te lo puedes permitir.

» No aceptes consejos financieros de un cualquiera. Acude a las personas especializadas en un tema concreto si quieres el consejo de un experto. Los aficionados dan su opinión con demasiada facilidad.

» Constrúyete primero una montaña de oro y luego podrás disfrutar de todos los banquetes que desees sin preocupaciones. No gastes tu dinero en cuanto lo ganes.

» Rodéate de personas que están familiarizadas con el dinero, que trabajen con él cada día y que ganen mucho.

» Disfruta de la vida mientras estés aquí. No te la pases ahorrando.

» No pongas tu dinero en inversiones que no pagan dividendos, pero tampoco inviertas en asuntos arriesgados que parecen demasiado buenos para ser ciertas.

» Lo que todo el mundo llama "gastos necesarios" es una cantidad que siempre aumenta hasta equipararse con los ingresos de uno, a menos que uno se resista a ese impulso. No confundas tus gastos necesarios con tus deseos.

» La riqueza de un hombre no está en las monedas de su cartera. Está en sus rentas.

» Asegúrate rentas futuras. Todo el mundo envejece. Garantízate que tendrás ingresos sin trabajar.

» Contrata un seguro de vida. Cuida por adelantado de la protección de tu familia.

» Aumenta tu capacidad de ganar dinero. Mejora tus habilidades para ello. A medida que perfeccionas tu oficio, se incrementa tu capacidad de ganar más dinero.

» Cuanto más sabemos, más dinero podemos ganar. La persona que busca aumentar los conocimientos sobre su oficio es capaz de ganar más dinero.

» No podrás alcanzar el éxito en toda su plenitud hasta que aplastes el espíritu de la procrastinación en tu interior.

» Las cinco leyes del oro: 1) El oro llega con alegría y

en cantidades crecientes a todo hombre que ahorre no menos de una décima parte de sus ganancias. 2) El oro trabaja con diligencia y satisfacción para el sabio propietario que le encuentra una labor provechosa. 3) El oro permanece bajo la protección del propietario prudente que lo invierte según el consejo de los hombres sabios en su administración. 4) El oro se escurre de las manos del hombre que lo invierte en negocios o proyectos con los que no está familiarizado. 5) El oro huye del hombre que lo obliga a obtener ganancias imposibles.

» Si deseas ayudar a un amigo, no lo hagas de manera que cargues con su peso. Hay muchas formas de ayudar a la gente. No tienes que elegir aquellas que restrinjan tu tiempo, tu dinero, tu energía o tu capacidad de cuidar de ti mismo.

» El prestamista prudente siempre tiene una garantía de reembolso en caso de que la inversión vaya mal.

» Por encima de todo, debes desear la seguridad de tu dinero. Más vale un poco de precaución que un gran arrepentimiento.

» Protégete con un seguro. No puedes permitirte estar desprotegido.

» No vivas por encima de tus posibilidades.

» Ningún hombre se respeta a sí mismo si no paga sus deudas.

» El alma de un hombre libre ve el mundo como una serie de problemas que hay que resolver. Mientras tanto, el alma de un esclavo se queja: "¿Qué puedo hacer yo?".

» Donde hay determinación se puede encontrar el camino.

» Si estás endeudado, vive con el 70 por ciento de lo que ganas. Ahorra el 10 por ciento para ti y utiliza el 20 por ciento restante para pagar tus deudas.

» No te desvíes del plan. El dinero se acumula con sorprendente celeridad y las deudas desaparecen rápidamente con disciplina y constancia.

» El trabajo atrae a los amigos que admiran tu laboriosidad. El trabajo atrae el dinero y las oportunidades. "El trabajo duro es el mejor amigo que he tenido".